Robert Myśliński

Siedem supełków

Bajki, które pomagają wychowywać

Ilustracje – **Marcin Piwowarski**
Redaktor prowadzący – Agnieszka Sobich
Korekta – Katarzyna Wróbel, Anita Rejch
Projekt okładki, skład i łamanie – Robert Rejch

Papilon Sp. z o.o.
ul. Polna 46 lok. 7
00-644 Warszawa

ISBN 978-83-60931-27-1

Robert Myśliński

Siedem supełków

Bajki, które pomagają wychowywać

Papilon

Spis treści

Wstęp do supełków,
czyli kim jest Śnica Piana?

Witam bardzo serdecznie!

Zanim zaczniecie czytać tę książkę Waszym dzieciom, proszę, abyście zerknęli na te kilka uwag, które – mam nadzieję – pomogą Wam lepiej zrozumieć ideę bajek wychowawczych.

Niezależnie od różnic kulturowych faktem pozostaje to, że większości rzeczy niezbęd-nych do życia w społeczeństwie i świecie uczymy się w domu rodzinnym.

Zawsze jednak mamy dwie możliwości: albo uczymy się przyznawać do swoich słabości, albo kłamać; albo postępować uczciwie, albo kręcić i kombinować; albo możemy nauczyć się szanować starszych, albo będziemy nieto-lerancyjni dla ich wieku. Dom jest więc miej-scem, gdzie poznajemy wartości.

Człowieka przede wszystkim wychowuje rodzina, w niej wartości mają charakter ponadczasowy. Nie wymyślamy przecież nic nowego, po prostu przekazujemy wiedzę znaną od pokoleń. Zależnie od wieku dziecka zmienia się jedynie forma tego przekazu.

Wychowując dzieci, należy bezwzględnie pamiętać, że samemu należy postępować zgodnie z wartościami wpajanymi pociechom. Tylko wtedy osiągniemy zamierzony efekt wychowawczy.

Czytając dziecku te opowieści, zastanówcie się – nie tylko nad tym, co ono z nich zrozumie – ale także jakie wyciągnie wnioski. Postarajcie się spojrzeć na świat oczami dziecka, poczujcie jego emocje i dostrzeżcie, jak ono pojmuje to, co je otacza. Pobawcie się swoją wyobraźnią...

Śnica Piana to po prostu stara, obdrapana gaśnica... Obserwatorka i narratorka wszystkich opowiedzianych w książce historii. To ktoś, dzięki komu będziecie mogli razem

ze swoim dzieckiem przenieść się w bajkowy świat dziecięcych marzeń i pragnień. Ktoś, kto pomoże Wam zrozumieć dziecięce lęki i obawy. To w końcu ktoś, kto jest mądry mądrością pokoleń wszystkich gaśnic pianowych.

Niech te SUPEŁKI staną się punktem wyjścia do rozmowy o tym, co w życiu jest najważniejsze.

Dorota Zawadzka

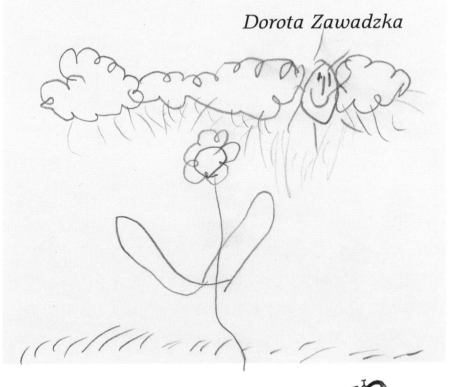

Poznajmy się

Dawno temu... za siedmioma górami, siedmioma morzami, hmm... lubię siódemki. Może więc dodam jeszcze siedem lasów. Chętnie opowiadam bajki, a przecież tak się one zwykle zaczynają.

Jak już te wszystkie góry, lasy, morza mamy za sobą, naszym oczom ukazuje się miasto. Z pozoru całkiem zwyczajne, a jednak dość niezwykłe. Posłuchacie moich opowieści, to zrozumiecie, co mam na myśli.

Nazywam się Śnica Piana i jestem, a właściwie byłam w młodości cała czerwona. Mam już za sobą wiele lat, ale trzymam się całkiem dobrze. Wiem o tym, bo raz na jakiś czas mnie sprawdzają. Nazywa się to przegląd techniczny. Wy też chodzicie czasem z rodzicami do le-

karza, nawet jak nic was nie boli. To właśnie
jest taki przegląd. Ciągle jestem na chodzie i
czuwam, aby nie wybuchł pożar. To nic,
że trochę się przez te wszystkie lata poobtłu-
kiwałam i pogubiły mi się literki w imieniu.
Nadal nie wiecie, kim jestem?

No dobrze powiem wam. Jestem gaśnicą.
Wiecie, co to jest gaśnica? Mam metalową
obudowę w czerwonym kolorze. No wiem,
że już to mówiłam, ale lubię czerwony kolor.
W środku jest całe mnóstwo białej piany.
Mam też coś, co mój pan od przeglądów nazywa dyszą. Ta dysza wygląda trochę jak słonio-
wa trąba. Gdyby trzeba było gasić pożar to,
z tej „trąby" tryska piana. Wygląda trochę jak
ta, którą znacie z wanny, gdy się kąpiecie.

Nie jestem jednak taką zwykłą gaśnicą. To
już chyba wiecie? Nie? A widzieliście kiedyś
gaśnicę, która potrafi opowiadać bajki. A ja
umiem. Powiem więcej uwielbiam opowiadać.
Jestem Śnica Piana – bajkowa gaśnica. Gdy zaczynam snuć swoje zaczarowane historie do domów

dzieci przychodzą najpiękniejsze piankowe sny. Leciutkie i różowe jak płynące po niebie obłoki.

Odkąd pamiętam, mieszkam i pracuję w tym samym miejscu. Stoję przy samych drzwiach na sklepowym zapleczu. Teraz mój dom nazywa się „Obuwie Modne i Wygodne". Przedtem nad wejściem był napis: „Słodkie marzenia Pana Antoniego". Jeszcze wcześniej „Gabinet Loczek Pani Zofii Koczek". Jestem niezbędna, bo w sklepie z butami, cukierni czy u fryzjera, no wszędzie tam gdzie przychodzi dużo ludzi musi stać gaśnica. Na szczęście, nie musiałam być nigdy użyta tak naprawdę. Raz tylko, kiedy byłam jeszcze młoda pojechałam na ćwiczenia strażackie za miasto. Ale to całkiem inna historia.

Na dworze zrobiło się już ciemno i ulica przed sklepem powoli opustoszała.

Supełek pierwszy
dla rodziców

„Obuwie modne i wygod-ne", czyli każdy z nas jest wyjątkowy

Punktem wyjścia pierwszego opowiadania jest teza, że każdy jest wyjątkowy. Prawdziwa i naukowa teza. Każdy z nas jest bowiem inny, a co za tym idzie – wyjątkowy.

Każdy człowiek ma swoją indywidualną, niepowtarzalną moc i wartość. Każdy z nas ma w sobie coś magicznego. Wychowując dziecko, powinniśmy o tym pamiętać. Starajmy się powtarzać to naszemu dziecku tak często, jak to tylko możliwe. Sprawmy, by nasze dziecko czuło się wyjątkowe i wspaniałe.

My, dorośli, wiemy przecież, że nasze dziecko nawet jeśli nie umie pięknie śpiewać czy rysować, ma mnóstwo innych zalet wartych dostrzeżenia. Mimo że na ogół nie jest naszą wierną kopią, małe dziecko robi wszystko, by się do nas upodobnić, do nas – swoich rodziców. Nie zaprzepaśćmy tego. Budujmy nasz autorytet, opierając się na szacunku i miłości. Pokazujmy dzieciom ich mocne strony, uczmy tolerancji dla inności, wzmacniajmy indywidualność.

Opowieść o Śnicy Pianie, bajkowej gaśnicy, mówi właśnie o tym, że każdy ma swoje mocne strony. Że nieważne są różnice w wyglądzie, że cechy, które samemu czasem trudno polubić, mogą być atutem... Wszystko jest po coś i jest najważniejsze.

W opowiadaniu poznajemy wielu różnych bohaterów, z których każdy ma coś najważniejszego do opowiedzenia, bo wydaje mu się, że przeżył coś najciekawszego. Każdy po prostu stara się być ważniejszy, lepszy, bardziej

wartościowy... często kosztem uczuć innych.

Jak temu zaradzić? Może warto zacząć od ostrzeżenia. Mimo że jesteśmy różni, każdy z nas jest wyjątkowy.

Dorota Zawadzka

Supełek pierwszy

dla dzieci

Obuwie modne i wygodne

Ostatni klient już dawno wyszedł, a pani Maria właśnie zamyka za sobą drzwi. Tylko na wystawie świeci się światło. Mój sklepowy dom nie jest ani duży, ani mały. Taki zwyczajny sklep z ladą i ekspedientką. To salon z obuwiem.

Na półkach moi współlokatorzy: półbuty i kozaczki, pantofle i kapcie, mokasyny i sandały. Są nawet lśniące lakierki i wysokie oficerki.

Dziś po południu była dostawa towaru. Pani Maria nie zdążyła rozpakować wszystkich kartonów. Na przykład kalosze – tę noc muszą spędzić w pudełkach na zapleczu.

Wieczorem, w pustym sklepie buty nareszcie mogą spokojnie porozmawiać...

Można je polubić. Są takie różne. Czasem
kłócą się i złoszczą. Lubią dyskutować o tym,
kto z nich jest najlepszy. Właściwie to lubiły...
do zeszłego piątku. Właśnie wtedy wydarzyła
się ta historia...

– Aaaach, co za nuda... Znów ledwie kilka
osób w sklepie, przez cały dzień – zaczęły
czerwone pantofelki. Dumnie błyszczały na
samym środku wystawy. Gdy zabierały głos,
zawsze lekko i z gracją postukiwały smukły-
mi obcasami.

– Święta racja, drogie panie – zaskrzypiały
sandały z dolnej półki. My jednak nie narze-
kamy. Tu, na naszej półce, jest przytulnie
i wszystko znajome. Dziś mierzył nas pan Nowak, a potem jeszcze ksiądz i już myśleliśmy,
że pani Maria nas zapakuje. Ale na szczęście
prawy z nas skrzypiał tak głośno, że wrócili-
śmy szczęśliwie na półkę.

– Ech, nie wiecie, co to wielki świat – rzuci-
ły, jakby od niechcenia, czarne lakierki. Odzy-

wały się rzadko. Chyba wydawało im się, że są lepsze od innych butów. Skoro zakłada się je tylko na specjalne okazje...

– Nie wezmą was na bale – mówiły z rozmarzeniem, kołysząc sznurówkami – bankiety, premiery w operze. Nie dla was śluby i uroczyste wręczenia nagród. Nasz kuzyn niedawno dostał się nawet na bal u prezydenta. To dopiero jest życie... Co prawda, upadła mu na sam czubek wędzona makrela i musiał się biedaczek wietrzyć trzy dni, ale co widział: piękne suknie, jedwabne skarpetki. To jest dopiero szyk.

– Wcale wam nie zazdrościmy – zezłościły się sandały. – Was zakładają tylko wieczorami. Co możecie zobaczyć ciekawego? Ciągle wypastowane posadzki, balowe parkiety. A ile razy wracacie do domu podeptani? My wolimy zabawę w ogrodzie czy na łące. To dopiero życie! Ciepło, słoneczna pogoda, szum wiatru, gdy jedziemy na rowerową wycieczkę. Ale teraz najlepiej czujemy się tu, na naszej półce. Chyba

jeszcze nie trafiliśmy na odpowiedniego klienta.

Sandały były strasznie płaczliwe i pewnie dlatego skrzypiały przy chodzeniu. Jeden pan to nawet je wymienił, bo kiedy w nich chodził, to wszyscy się za nim na ulicy oglądali. A one tak tylko z początku skrzypią. Po paru dniach się przyzwyczajają do nowego właściciela i po problemie.

Dotychczas spokojne brązowe półbuty nie wytrzymały i zatupały ze złością:

– Panowie, nikogo nie obchodzą wasze bale i rowerowe wycieczki. My pracujemy w poważnych firmach, na wysokich stanowiskach. Co rano służbową limuzyną jeździmy do biura. Całe dnie spędzamy na ważnych, bardzo ważnych i najważniejszych naradach.

Buty rozprawiały coraz śmielej. Aż w końcu zaczęły się kłócić.

– My jesteśmy eleganckie i znamy światowe życie – z nosami do góry oznajmiały lakierki. Takie zwykłe sandały czy półbuty mogą co najwyżej o tym pomarzyć.

– Wypraszamy sobie – ni stąd, ni zowąd wtrąciły się kapcie. – My jesteśmy najważniejsze. To nas zakłada się w domu. Jesteśmy ciepłe, miękkie i wygodne. No i to nam najczęściej pozwala się oglądać telewizję.

Japonki chciały coś dodać, ale nikt ich nie rozumiał, bo mówiły po japońsku. Musiały więc zachować swoje zdanie dla siebie. Nawet kalosze z pudeł pod szafą zaczęły wykrzykiwać:

– Y eesmy epszeakalne y ożey choyć o odzie!

Musiałam to reszcie przetłumaczyć, bo stałam najbliżej: „My jesteśmy nieprzemakalne i możemy chodzić po wodzie"! Kalosze awanturowały się z zamkniętych pudeł i dlatego trudno było je zrozumieć.

– Baaaaaczność! Spocznij! – gruchnęły jak z armaty wysokie oficerki. Stały sztywno wyprężone jak struna. – Spokój! Co to za awantura?! Wojsko jest najważniejsze, a wojsko to my. Ani chwili dłużej nie będziemy tego tolerować! A wy, półbuty, nie wyjeżdżajcie nam tu z naradami. Kursujecie z biura do

domu, z domu do biura, jak tramwaj.
Nuuuda. Siedzicie całymi godzinami pod
biurkiem. Jeszcze większa nuuuda. No, może
rzeczywiście, w czasie jakiejś narady możecie spotkać kuzynów i poszeptać cichutko
pod stołem. Ale poza tym? Nuuuuuda. To my
mamy najciekawsze życie. Koniec i nie ma
dyskusji. Przed nami maszerują całe defilady.
Setki i tysiące butów. Muszą słuchać naszych
rozkazów. Zrozumiano? – zakończyły oficerki.

W sklepie zapadła cisza. Wtedy nie wytrzy-
małam i jako najstarsza zabrałam głos:

– Co wy sobie właściwie myślicie? – powiedziałam. – Ja przecież tu stoję pod ścianą
i widzę przez okno wystawowe wciąż ten
sam fragment ulicy z trawnikiem i koszem na
śmieci. Gdybym mogła przesunąć się nieco
w prawo, to dostrzegłabym przystanek au-
tobusowy. Ale z oczywistych powodów nie
mogę się przesunąć. Nawet bajka i moje za-
czarowanie ma swoje granice. A wy, zamiast
opowiadać sobie historie o świecie, który

możecie dzięki waszym właścicielom oglądać, wciąż się kłócicie! Zastanówcie się nad swoim postępowaniem.

Buty nic nie odpowiedziały. Było im wstyd. Poza tym zrobiło się bardzo późno i sennie... Rano jak zwykle pani Maria otworzyła sklep. Tego dnia kupujących nie brakowało. Mierzyli lakierki, sandały, półbuty, oficerki. Pani Maria była zadowolona, choć od stania za ladą bolały ją nogi.

Wieczorem jak zwykle zamknęła sklep, a my – to znaczy buty i ja – znów zostaliśmy sami. Wiedziałam, że są na siebie obrażone. Postanowiłam wziąć sprawy w swoje... No dobrze, rąk nie mam. W każdym razie postanowiłam je czegoś nauczyć.

– Jak myślicie – zaczęłam – czy ludzie lubią w was chodzić?

Tu wszyscy byli jednomyślni i ze wszystkich półek usłyszałam zgodne „tak, oczywiście, bezsprzecznie, nie ulega wątpliwości".

– A czy wyobrażacie sobie pana Nowaka,

tego, który kupił dziś sandały, paradującego po ulicach w czerwonych pantofelkach?

Wszystkie buty zaczęły się śmiać. Bo wyobraziły sobie, jak pan Nowak, który jest bardzo wysoki i dość tęgi, z trudem utrzymuje równowagę w delikatnych butach na obcasach cienkich niczym szpilki.

– Wyglądałby zabawnie i raczej nie lubiłby w nich chodzić – mówiłam dalej.

Nawet same pantofelki zgodziły się ze mną, chociaż niechętnie dopuszczały do siebie myśl, że ktoś mógłby nie lubić w nich chodzić.

– A czy sądzicie, że Kamil, syn pani Marii, wkłada czarne lakierki, kiedy biegnie z kolegami grać w piłkę?

– Nie – odpowiedzieli wszyscy.

– Wtedy zakłada buty takie, jak my – krzyknęły trampki. – W nas najlepiej lubi grać.

– No właśnie. Czy to znaczy, że trampki mają czuć się lepsze od czarnych lakierków?

– No nie. Chyba nie – odezwały się głosy z półek.

– Nareszcie zrozumiałyście!

– Każdy z was jest wyjątkowy i ma specjalne umiejętności. Ale to nie znaczy, że jeśli lakierki nie potrafią grać w piłkę, to są gorsze od trampek. W trampkach trudno byłoby tańczyć walca na balu w prezydenckim pałacu.

Teraz już wszystkie buty zrozumiały i zrobiło im się wstyd, że się wczoraj na siebie obraziły. Od tamtej pory przestały się sprzeczać o to, kto jest lepszy. Wydawało mi się nawet ostatnio, że widziałam, jak lakierki uczyły kapcie tanecznych kroków, a trampki z pantofelkami próbowały grać w piłkę kulą z papieru. A może mi się to tylko śniło...

Supełek drugi

dla rodziców

Tort dla Ani, czyli przyjaciół poznaje się w biedzie

Jak wychować dziecko, by miało przyjaciół, dbało o nich i samo mogło na nich liczyć? Przyjaźni NIE można się nauczyć. Ale można nauczyć się ją pielęgnować, dbać o nią. Jak więc to zrobić? Może zacznijmy od bycia przyjacielem własnego dziecka.

Przyjaciele wzajemnie się wspierają i współpracują ze sobą. Są lojalni i solidarni. Przyjaźń oznacza też altruizm, czyli bezinteresowne działanie na rzecz innej osoby.

Pierwsze dziecięce związki koleżeńskie stanowią podstawę do nawiązania głębszych uczuciowo i bardziej trwałych relacji

w dorosłym życiu. Przyjaźń ma bowiem wpływ na wszystkie ważne relacje. U ludzi, którzy nie mają przyjaciół, widać zmniejszoną zdolność przeżywania miłości.

To właśnie w tych pierwszych, najwcześniej-szych relacjach dzieci uczą się dostrzegania, rozumienia i przeżywania uczuć innych ludzi.

Każdy chciałby mieć przyjaciela, ale nie każdy chce, czy raczej nie każdy potrafi przy-jacielem być. To już znacznie trudniejsze. Aby osiągnąć ten szczególny rodzaj radości i satysfakcji, jaką daje przyjaźń, trzeba sa-memu zaangażować się w sprawy drugiego człowieka. Tego zaangażowania możemy nasze dziecko nauczyć.

Historyjka o wozie strażackim i cukierni pana Antoniego opowiada, jak wspaniale jest mieć przyjaciół i móc na nich liczyć. Pokazuje magię przyjaźni.

Znajdujemy tu również myśl dotyczącą łamania stereotypów... Dlaczego dziewczynki nie mogą bawić sie samochodami, a chłopcy – lalkami?

Przecież dziewczynka też może marzyć o wozie strażackim i o tym, by... być może zostać jego kierowcą. Zanim powiemy naszemu dziecku, że „chłopcy nie płaczą", a dziewczynki nie mogą zachowywać się jak „chłopczyce", pomyślmy, jak wspaniale jest spełniać marzenia i realizować projekty, które przełamują stereotypy... Pozwólmy na to i naszym dzieciom.

Dorota Zawadzka

Supełek drugi
dla dzieci

Tort dla Ani

Poranki w sklepie pani Marii „Obuwie Modne i Wygodne" są całkiem zwyczajne. Ot, takie sobie łaskotanie słonkiem po półkach pełnych butów i bucików. Zapachy są – trzeba przyznać – nieciekawe. Zapachy, ach, zapachy...

Poprzednim właścicielem mojego rogu przy drzwiach na zaplecze wraz z całą resztą sklepu był pan Antoni Rożek. Cukiernik z dziada pradziada. Pan Antoni nie musiał specjalnie zachwalać swoich wyrobów. Były to z pewnością jakieś tajemne czary. Wszystkie ciastka, ciasteczka, torty, rolady, nie wspominając już o aksamitnie rozpływających się na językach lodach, cie-

szyły się wielkim powodzeniem wśród klientów.
Ci najmłodsi przystawali często przed wystawą
i z nosami przyklejonymi do szyby „zjadali"
w wyobraźni znajdujące się tam wspaniałości.

Z mojego kąta przy drzwiach patrzyłam chętnie, jak pan Antoni wraz z pomocnikiem Marce-
lim przygotowywali na zapleczu wszystkie słodkie wspaniałości. Nie wiedziałam wcześniej, że
to takie skomplikowane.

Do cukierni codziennie przywożono świeże
mleko, masło, jajka, różne owoce, mąkę i duu-
uużo cukru. To oczywiście nie wszystko, ale nie
chcę was zanudzać, bo bajka przecież nie może
być nudna. Wspomnę więc tylko, że Marceli
układał produkty na półkach, każdy z nich miał
swoje miejsce. Mąka w workach stała na najniż-
szych półkach, obok cukier i wielka beczka
z olejem. W lodówce trzymano jajka, masło
i mleko. Wszyscy razem mieszkaliśmy w zgodzie
i bardzo się nawzajem lubiliśmy.

Tego dnia Marceli przyszedł do pracy bardzo wcześnie. Mistrz Antoni kazał mu przygo-

tować ciasto do wypieków. Ledwo zdążył przebrać się i założyć białą czapkę, gdy usłyszał pukanie do drzwi.

– Co to? Kto to? – zdziwił się czeladnik.
– Przecież dopiero słonko wzeszło i do otwarcia „Słodkich Marzeń" jeszcze co najmniej cztery godziny.

Pukanie powtórzyło się i tym razem było głośniejsze. Przed sklepem stał pan Nowak. Przez zasłonięte firanki starał się zobaczyć, czy ktoś idzie do drzwi.

Pan Nowak często odwiedzał cukiernię i było to po nim widać, jeśli wiecie, co mam na myśli. Wspinał się teraz na palce i gdyby nie szerokie kraciaste spodnie oraz sandały na stopach wielkości niewielkich łódek, wyglądałby prawie jak baletnica. Gdy tylko dostrzegł Marcelego, zawołał z nadzieją w głosie:

– Panie Marczello, proszę otworzyć, bardzo proszę.

Pan Nowak często nadawał imiona własnego pomysłu osobom, które znał i lubił. Nie były to

wcale przezwiska i zawsze pytał, czy wolno mu będzie się zwracać do kogoś w ten sposób.

W tym przypadku wybrał dla obu cukierników włoskie wersje ich imion. Pan Antoni został więc dla pana Nowaka – Antonio, a Marceli zmienił się dla niego w Marczello.

– Dzień dobry. Co się stało? Jeszcze zamknięte.

– Tak, tak, wiem, ale nie mogę czekać. Za chwilę zaczynam pracę, a nie chcę się spóźnić. Mam ogromną prośbę do pana Antonia.

– Mistrza jeszcze nie ma – oznajmił Marceli. – Ale może ja w czymś pomogę?

– Drogi Marczello, to dla mnie sprawa najwyższej wagi. Chciałem rozmawiać z panem Antonio osobiście, ale czekać dłużej już nie mogę, więc... Słuchaj, w czym rzecz. Pamiętasz moją córeczkę Anię?

Marceli oczywiście pamiętał.

– No, właśnie. Ania kończy jutro sześć lat.

– Cieszę się, proszę pana, i proszę przekazać córeczce serdeczne życzenia – odparł Marceli. – Ale wciąż nie wiem, dlaczego o tak wczesnej

29

porze dobija się pan do naszej cukierni?

– Jak to? Marczello! TORT!!!

– Muszę mieć na jutro: wielki, piękny, wspaniały, słodki, kolorowy, pachnący, URODZINO-WY TORT. A jedyne miejsce, w którym mogę go zamówić, to „Słodkie Marzenia" Pana Antoniego. Czyż nie?

Marceli sam zdziwił się, że na to nie wpadł.

– Jasne, proszę pana. Tort zrobimy. Proszę tylko powiedzieć, jaki ma być.

Pan Nowak powoli tracił cierpliwość.

– No przecież powiedziałem przed chwilą. Wielki, piękny, wspaniały, słodki, kolorowy i pachnący. No i na jutro rano... Proszę.

Cóż było robić, gdy stały klient prosi. Marceli przyjął zamówienie i wrócił do przerwanej pracy. Za chwilę zjawi się szef Antoni i coś wymyśli. Jego cudowne i przesmaczne torty zna całe miasto.

Mijały minuty. Czeladnik już wszystko przygotował. Nawet przyjął dostawę świeżych produktów. Pan Antoni jednak nadal nie zjawiał się.

Nagle: Drrrrrrrryń! Zadzwonił telefon.

– Halo! Czy to „Słone Mazania" Pana Antoniego?

– Nie „mazania", tylko marzenia, i nie „słone", ale „słodkie". Poza tym wszystko się zgadza. Kto mówi? – odpowiedział nieco zezłoszczony Marceli.

– Nazywam się Chrypa. Eustachy Chrypa. Jestem lekarzem pana Antoniego i obawiam się, że dziś i jutro mój pacjent nie przyjdzie do pracy. Jest przeziębiony i ma okropny katar. Ledwo mówi. Prosił, żeby przekazać, aby do jego powrotu nie przyjmował pan zamówień na torty. To tyle. Do widzenia i życzę zdrowia.

Marceli o mało nie usiadł z wrażenia. „Jak teraz zrobi tort dla małej Ani Nowak? Nie wie nawet, co to ma być za tort. Zamówienie przyjęte, tort musi być zrobiony na czas...", postanowił Marceli. Rozmyślania przerwało mu bicie zegara.

Już dziesiąta, czas otwierać cukiernię.

Tego dnia było wyjątkowo wielu klientów,

więc Marceli dwoił się i troił za ladą, aby nadążyć z obsługiwaniem. Kiedy nareszcie mógł zamknąć drzwi, był już bardzo zmęczony.

Miał jednak pomysł na tort. Zrobi dla Ani chatkę Baby Jagi. Ściany zrobi z czekoladowych ciasteczek, dach z lukrowanego piernika, marcepanowy komin. Będą nawet szyby z cieniutkiej cukrowej tafli w malutkich okienkach. A w środku chatka zostanie wypełniona najpyszniejszym kremem z owocami.

Czeladnik wiele razy pomagał panu Antoniemu w przygotowywaniu tortów. Pomagać to jednak nie to samo, co własnoręcznie i samodzielnie zrobić. Na domiar złego Marceli był zmęczony całodzienną pracą... „Tylko troszkę odpocznę", pomyślał, siadając przy stole.

Oczywiście za chwilę już smacznie spał.

„No tak", pomyślałam, „Czeladnik śpi, a tort nawet nie zaczęty!".

Lubiłam Marcelego. Zawsze dbał o porządek i odkurzał mnie miękką ściereczką. Wszyscy go lubili. Wielka Mieszalnica do kremów, bo nigdy

nie zostawił jej brudnej po skończonej pracy. Piec kaflowy, w którym wypiekano ciasta, dlatego, że Marczello zawsze pamiętał o właściwej temperaturze i bardzo starał się niczego nie przypalić. Lubiła go stara Stolnica do wyrabiania ciasta. Uwielbiała, gdy silnymi dłońmi zamieniał mąkę, jajka i mleko we wspaniałe pulchne ciasto. Marceli to nasz przyjaciel. Nie mogłam pozwolić, by nie wywiązał się z danej panu Nowakowi obietnicy. Słowo to słowo i trzeba go dotrzymywać.

Przyjaciele są także po to, aby pomagać w potrzebie, a wszyscy mieszkańcy cukierni uważali się za przyjaciół młodego cukiernika. Uruchomiłam więc swoją dyszę i zawołałam głośno.

– Uwaga, uwaga, przystępujemy do „Akcji Tort"!

Wszyscy naraz chcieli pomagać i zrobił się straszny bałagan.

Piec rozgrzał się do czerwoności. Jajka zderzyły się z miską masła. Cukier i mąka urządziły sobie wyścig i porozrywały torby. Na szczęście szczot-

ka-zmiotka była na miejscu i wymiotła podłogę
do czysta. Mikser już się kręcił i krzyczał:

– Kto pierwszy do mieszania? Zapraszam,
póki nie ma tłoku.

W końcu stolnica z hukiem spadła na beczkę
z olejem. Brzdęk! Zadudniło, aż szyby w oknach
zatrzęsły się. Marceli otworzył oczy:

– Co tu się dzieje?! – krzyknął przerażony,
widząc panujący wszędzie bałagan.

Nie miał pojęcia, co się stało, i był komplet-
nie załamany.

– Jak ja teraz zrobię tort? Wszystko porozrzu-
cane, nie mogę niczego znaleźć. Co robić?

Rzeczywiście sytuacja była niewesoła.

Gdybym nie była zaczarowana... ale przecież
jestem. Leciutko dmuchnęłam mąką w oczy cze-
ladnika. Przetarł je dłonią i po chwili już znów
spał. Teraz skończyło się zamieszanie. Najpierw
mąka, jajka, sól i mleko. Raźnie, hoooop, wsko-
czyły do miski i dały się pięknie wymieszać.
Wałek razem ze stolnicą przygotowały z tej masy
ciasto. Po chwili było już w tortownicy.

Potem cukier, czekolada, masło i śmietana
zrobiły wspaniały krem. Gdy upieczone ciasto
wyjechało z pieca, nóż i owoce zajęły się jego
dekoracją. Wreszcie wszystko było gotowe.
Z zadowoleniem spojrzałam na nasze dzieło.

Na samym środku stołu pysznił się przepięk-
ny... czerwony wóz strażacki z marcepanową
drabiną. Jestem przecież gaśnicą i nie wiem,
jak zrobić chatkę Baby Jagi. Wóz strażacki to co
innego. Na tym się znam. Kiedy rano Marceli
obudził się, nie mógł wykrztusić słowa:

– Oooo! Ooo... Aaaale...

W końcu mu się udało:

– Skąd wziął się ten tort?! Przecież miałem
zrobić chatkę? Co ja teraz powiem panu Nowakowi? A Ania? Przecież dziewczynki nie bawią
się samochodami strażackimi.

Nie miał czasu martwić się długo, bo usłyszał znajome pukanie do sklepowych drzwi.

– To na pewno pan Nowak. Co począć?

Przed sklepem rzeczywiście stał spodziewany
klient, ale nie sam.

– Ania nie mogła doczekać się tortu, więc przyszła ze mną. Czy możemy zobaczyć dzieło mistrza Antonia?

– Bardzo pana przepraszam – zaczął czeladnik.

– Co się stało? Czyżby tort niegotowy?

– Ależ gotowy, tylko…

– Tylko co? – dopytywał się pan Nowak.

Ania stała z boku i niecierpliwie podskakiwała w oczekiwaniu na urodzinową niespodziankę.

– Tylko że nie jest to dzieło mistrza Antoniego… Pan Antoni jest chory.

Ania Nowak tymczasem przemknęła się na zaplecze…

– Ojej, ojej, jaki piękny, jaki duży… Tato, tato, zobacz szybko!

Za chwilę cała trójka oglądała cukiernicze arcydzieło na czterech czekoladowych kołach.

– Hmm! Aniu, ale to jest wóz strażacki! Naprawdę ci się podoba? – dziwił się ojciec dziewczynki.

– Tatku, jest piękny, marzyłam o takim. Dziękuję!

– Gratuluję, Marczello, gratuluję, godny z pana uczeń mistrza Antonia. Przy okazji do-

wiedziałem się, że dziewczynki niekoniecznie zachwycają się wyłącznie lalkami.

– No pewnie, tato, u nas w przedszkolu wszyscy bawimy się razem. Samochodami, lalkami, klockami... – wymieniała dziewczynka z uśmiechem.

– Dobrze, już dobrze – śmiał się pan Nowak. – Jeszcze raz dziękuję, Marczello.

Młody człowiek starał się wyjaśnić, że właściwie to nie wie jak, ale tort sam się upiekł, tyle że pan Nowak i Ania już nie słuchali. Wracali do domu, gdzie przygotowano wspaniałe przyjęcie.

Następnego dnia Pan Antoni wrócił do pracy. Nie uwierzył w historię Marcelego, ale któż by w nią uwierzył. Prawda?

Supełek trzeci

dla rodziców

Zaczarowane kalosze
i pies Dyngus,
czyli o odpowiedzialności

Nie znam rodzica, który choćby raz nie spotkał się u swojego dziecka z zachowaniami, które sprowadzają się do krzyków czy histerii. Wielu z nas zastanawia się, skąd to się bierze i jak temu zaradzić. Dzieci są uważnymi obserwatorami, nieustannie zbierają doświadczenia. Przyglądają się światu i uczą się tego, co zobaczą. Widzą również nasze zachowania.

Jako rodzice powinniśmy w pełni zdawać sobie sprawę, że podstawowym motorem działania dzieci są ich potrzeby. Niestety, nie

zawsze mogą być one zaspokojone, co często prowadzi do pojawienia się negatywnych emocji, niezadowolenia, zdenerwowania czy poczucia krzywdy. W takiej sytuacji dziecko może stać się histeryczne, a czasem nawet agresywne.

Takie zachowania mogą być środkiem do osiągnięcia zamierzonego celu. Dziecko bardzo szybko wyczuwa, że jego histerie i groźby powodują zmianę w naszym postępowaniu i konsekwentnie to wykorzystuje. Stosuje więc wyuczoną metodę, a nasze uleganie takim zachowaniom powoduje, że wytwarza się stała strategia postępowania. Skuteczna strategia.

Jako rodzice musimy zdać sobie również sprawę, że nie istnieje histeria bez przyczyny – z czystej złośliwości. Nie jest też ona skierowana przeciw nam, a służy jedynie osiągnięciu zamierzonego celu.

Dziecko, jak każdy człowiek, ma też ograniczoną możliwość cieszenia się, jeśli więc coś „cudownego" dzieje się codziennie, to zaczyna

się nam to nudzić. A nuda może wywoływać złe emocje.

Drugim zagadnieniem poruszonym w opowieści jest odpowiedzialność. Odpowiedzialność za psa. Dzieci często proszą rodziców o taki prezent, chcą mieć przyjaciela, powiernika. Pamiętajmy jednak, że pies to żywe stworzenie, a nie zabawka. Pies czuje, kocha, tęskni, nudzi się, bywa głodny lub zły. A poza tym, po przyprowadzeniu do domu pies staje sie domownikiem. Odpowiedzialność za niego spada również na rodzinę, nie tylko na dziecko, które chciało pieska. Należy tak rozłożyć obowiązki, by obowiązek dziecka był jego przyjemnością. Pies nigdy nie jest tylko własnością dziecka. Należy do całej rodziny.

Dorota Zawadzka

Supełek trzeci
dla dzieci

Zaczarowane kalosze
i pies Dyngus

Od rana lało jak z cebra. Buty w sklepiku „Obuwie Modne i Wygodne" drzemały jeszcze na półkach. Ekspedientka za ladą z nudów rozwiązywała kolejną krzyżówkę. Gdyby wiedziała, że tuż obok stoi zaczarowana gaśnica, a nocą buty w jej sklepie prowadzą burzliwe dyskusje...

„Ding, dong" – rozległ się dźwięk dzwonka przy drzwiach. Pani Maria chciała wiedzieć, kiedy ktoś wchodzi do sklepu. Tym razem wiedziałaby o tym i bez dzwonka.

– Nie chcę! Nie będę! – krzyki i płacz sły-

chać było aż za dobrze.

Jakaś, ubrana w przeciwdeszczowy płaszcz, pani ciągnęła za sobą wrzeszczącego wniebogłosy chłopca.

– Pawełku, uspokój się – prosiła. – Musimy kupić kalosze. Ze starych już przecież wyrosłeś.

– Nie chcę głupich kaloszy! Chcę piłkę, słyszysz?! Kup mi piłkę! Już!

Wszystkie buty zastygły w oczekiwaniu na dalszy rozwój wypadków. Pani Maria starała się jakoś pomóc uspokoić chłopca.

– Kto to widział, żeby taki duży mężczyzna płakał? – powiedziała, patrząc w zalane łzami oczy Pawełka.

– Nie pani sprawa! Jak będę chciał, to będę zawsze płakał i jeszcze będę krzyczał!

Chłopiec zaparł się w drzwiach i stwierdził, że nie zrobi ani kroku dalej, dopóki nie dostanie lizaka. Pani Dominika Chrypa – bo tak nazywała się mama chłopca – próbowała mu tłumaczyć, prosiła, żeby się uspokoił. Wszystko na nic. W końcu skapitulowała i wyciągnęła

lizaka z torebki. Była zrezygnowana.

– Ach, pani Mario. Jakie ja z nim mam utrapienie.

– Spokojnie, pani Dominiko, przecież to tylko lizak.

– Tak, ale to już dziesiąty od rana. Nie mam już do niego siły. Awantura za awanturą. Nic go nie cieszy, a ma przecież wszystko, czego tylko zapragnie. W zeszłym tygodniu chciał rower – dostał. Wcześniej najnowszą grę – już ją ma. Od miesięcy męczył nas o pieska. W końcu mu go kupiliśmy. Nazywa się Dyngus i jest ślicznym jamnikiem.

– Dlaczego Dyngus? – zapytała ekspedientka.

– Gdy mój mąż przyniósł go do domu, zaczęliśmy się zastanawiać, jakie nadać mu imię. Nie mogliśmy jednak dojść do porozumienia. Ja chciałam jakoś tak delikatnie: Filo, Amor. Eustachy z racji zawodu – jest lekarzem – uparł się, aby psa nazwać Syrop. Pawełek codziennie inaczej nazywał upragnionego szczeniaka: Ronaldo, Kloss, Pirat, Ninja, Jeep.

Zupełnie nie potrafił się zdecydować.

Była wczesna wiosna i zbliżała się Wielkanoc. W Lany Poniedziałek, czyli w dzień śmigusa-dyngusa, złożyła nam wizytę siostra męża – Róża. Zdążyła przekroczyć próg mieszkania, gdy spostrzegła bezimiennego jeszcze psa. Wyglądał pociesznie na wciąż rozjeżdżających się łapach. Róża natychmiast podniosła go do góry pełna zachwytu. Nasz pies chyba też się ucieszył, bo zrobił jej całkiem niezły śmigus-dyngus. Teraz już wiedzieliśmy, że właśnie tak go nazwiemy – Dyngus. Pawełek bawił się z Dyngusem. Wychodził na spacery. Tak było przez cały tydzień. Potem synkowi znudziło się wyprowadzanie jamniczka. Zrobiło się ciepło i wolał z kolegami grać w piłkę lub jeździć na nowym rowerze. Na Dyngusa nawet nie spojrzy. Nie wiem, co mam robić... Pawełek wciąż chce mieć coś nowego. A gdy tego nie dostaje, robi awanturę i w końcu muszę ustąpić.

Ekspedientka starała się pocieszyć klientkę:

– Proszę się nie martwić. Pawełek pewnie zaraz się uspokoi. To tylko dziecko.

Panie rozmawiały, a kalosze już wiedziały, co zrobią, kiedy znajdą się na nogach niesfornego chłopca. Gdy tylko je założył, wszystko wokół niego zawirowało. Zrobiło się cicho i mały urwis poczuł znajomy zapach.

– Ale co tak pachnie? Ach, już wiem, to szarlotka. Mama piecze szarlotkę!

Nagle wszystko zrozumiał. Był w domu. Ale jak? Kiedy to się stało? I dlaczego czuł się jakoś dziwnie?

– Hej! Mamo! – chciał krzyknąć, ale nie mógł.

Udało mu się tylko… zaszczekać. Był jamnikiem! Hurra! Nie będę musiał chodzić do przedszkola, myć zębów ani uszu. Cały dzień będę się bawił. To dopiero życie. Zamieniony w szczeniaka Pawełek natychmiast zaczął skakać wesoło i poszczekiwać.

– Ale fajnie! Nikt mi nie każe iść spać! Nikt nie powie: sprzątnij pokój! No i wszyscy będą

mnie przytulać, głaskać i karmić. Właśnie, karmić! Piesek był głodny. Szybko więc popędził do kuchni, gdzie stała jego miska. Ooooo! Co to? Pusta? To nic, zaraz przyjdzie mama i dostanę coś pysznego.

W tym momencie przypomniał sobie, że karmienie Dyngusa, to jest jego – Pawełka – domowy obowiązek.

– Jeszcze lepiej, za chwilę przybiegnie... O rety! Przecież ja jestem Dyngusem. To kto jest Pawełkiem?

Piesek popędził do swojego pokoju, czyli pokoju Pawełka. Na krześle przy komputerze siedział Pawełek!

– Zaraz, zaraz. Pamiętam, gram przecież w tę nową grę i za chwilę...

– Yes! Yes! Yes! Jestem na 25. poziomie! – krzyknął Pawełek-chłopiec, nie odrywając wzroku od ekranu monitora.

Zaczarowanym sposobem kalosze cofnęły Pawełka w czasie i pozwoliły oglądać świat oczyma małego jamnika. Ciekawe, czy chłopczyk

będzie zadowolony ze swojego zachowania?

Dyngus obserwował Pawełka pełen nadziei, że ten podejdzie do miski i napełni ją świeżą karmą. Czekał i czekał. Wreszcie chłopcu znudziło się granie i wstał z krzesła. Jamnik smutno spuścił nos. Domyślił się, że Pawełek właśnie postanowił wybiec na podwórko i ani mu w głowie było zajmowanie się szczeniaczkiem. Patrzył więc jak, chłopiec popędził do drzwi, kopnąwszy po drodze samochodzik, który mama kupiła mu kilka dni temu.

„Musiałem się nieźle namęczyć, by go zdobyć. Mama nie dawała się nabrać na zwykłe krzyki i płacze. Na szczęście byliśmy w sklepie i wystarczyło, że wyrzuciłem z koszyka wszystkie zakupy. Jakaś pani zaczęła coś głośno mówić. Mamie chyba zrobiło się wstyd i za chwilę zabawka była moja. Całkiem fajny ten samochód", pomyślał.

Z rozmyślań wyrwał Pawełka-szczeniaka jakiś dźwięk – brrrrr, burrrr, brrrr... W psim brzuszku wszystkie kiszki marsza grały. To

znaczy, że był już naprawdę bardzo głodny. Na dodatek chciało mu się pić. Trzasnęły drzwi i Dyngus wiedział, że na Pawełka nie ma co liczyć.

– No tak, teraz będę do wieczora grał w piłkę. A ja to pies? O rany, rzeczywiście pies. A przecież obiecałem rodzicom, że będę się nim opiekował.

W tym momencie do pokoju weszła mama.

– Oj, mój biedaku – powiedziała, podchodząc do Dyngusowej miski. – Pusto tu u ciebie. Wody też nie masz. Pewnie Pawełek znów zapomniał cię nakarmić.

Szybko wsypała karmę, a drugie naczynie napełniła wodą. Patrzyła, jak jem, a potem wzięła mnie na ręce i przytuliła.

„Oj, jak to dobrze, że mama o mnie pamiętała", pomyślał Pawełek w psiej skórze.

Mama postawiła pieska na podłodze, a potem zrobiła wspaniałą rzecz. Pawełek-piesek ze zdziwieniem stwierdził, że tylna część jego Dyngusowego ciała nie może zachować spoko-

ju. Spojrzał i o mało sam nie pękł ze śmiechu. Psi ogon wykonywał najdziwniejsze harce. Mama przyniosła smycz, a to mogło znaczyć tylko jedno: SPACER!

Wyszli na dwór i jamnik po spełneniu głównego punktu wycieczki wesoło podskakiwał naokoło swojej pani. Pawełek nie spodziewał się, że tak wiele znaczy dla małego pieska wyjście na krótką choćby przechadzkę. Naraz stanął jak wryty! Przypomniał sobie, że to jest dzień, w którym zrobił mamie awanturę o batonika.

Ujrzał siebie wybiegającego z bramy podwórka.

– Mamo! Maaaamo! – krzyczał chłopiec. – Chcę batonika i picie!

– Dobrze, Pawełku – powiedziała mama. – Poczekaj chwilę, Dyngus się wybiega i wrócimy do domu. Dostaniesz kawałek szarlotki i sok.

– Nie chcę soku i głupiej szarlotki! Chcę batonika i colę! Teraz i już!

Dyngusowy Pawełek przyglądał się wykrzywionej gniewem buzi. Niby swojej własnej, a jednak tak obcej.

„Ojej!", pomyślał. „To ja się tak zachowuję?". Na dobitkę właśnie wtedy chłopiec wskoczył z rozpędem w kałużę i brudna woda znalazła się na maminym płaszczu.

„Muszę przestać! Przeprosić mamę!", pomyślał Pawełek, ale jedyne, co mógł zrobić, to cicho i płaczliwie zaszczekać.

Mama nie krzyczała na synka, ale widać było, że jest jej przykro. Bez słowa poszli do pobliskiego kiosku, gdzie Pawełek pochłonął batonika i wypił napój.

Dyngus znów skulił się cały. Wiedział, że na podwórku czekali na chłopca koledzy. Pawełek złapał pod pachę piłkę i pobiegły się bawić. Nawet nie powiedział „dziękuję".

Pieskowi było wstyd. Strasznie wstyd. Widział, że mama ukradkiem wyciera oczy. Czyżby płakała? Przez niego? Pawełka?

– Mamo! – chciał krzyknąć. – Przepraszam

cię. Już nie będę. Wszystko zrozumiałem...

Pawełek ocknął się i ze zdziwieniem stwierdził, że nadal jest w sklepie z mamą i mierzy kalosze. Nad sobą zobaczył dwie zdziwione twarze.

– Co ci się stało, syneczku? – spytała mama chłopca.

– Nic, nic, mamusiu. Jakie fajne kalosze!

Kalosze rzeczywiście prezentowały się znakomicie. Dodatkowo były z siebie dumne. Przecież udało im się czarami sporo zmienić. Chłopczyk przechadzał się po sklepie w nowych butach. Po chwili podszedł do pani Dominiki.

– Mamusiu, dziękuję i przepraszam, że byłem taki niegrzeczny. To się już nie powtórzy.

Obie kobiety wręcz oniemiały. Pani Maria stanęła jak wryta, mieszając zaparzoną przed chwilą herbatę. Mama Pawełka ze zdumienia przetarła oczy i przytuliła go mocno.

– Syneczku! Spójrz na mnie. Czy ty jesteś zdrowy? Nic ci się nie stało?

– Nie, mamo! Nic a nic. To wszystko

dlatego, że kiedy założyłem...

W tej chwili chłopiec zerknął na niebieskie błyszczące kalosze, które miał na nogach. Czyżby mu się zdawało? Czy rzeczywiście mały piesek namalowany na nich mrugnął do niego okiem i zamerdał ogonkiem?

– Mamusiu! Musimy szybko wracać do domu! Proszę, wracajmy!

– Dobrze, Pawełku, już idziemy, ale skąd ten pośpiech.

– No jak to?! Przecież Dyngus został sam! Jemu jest smutno i chcę z nim wyjść na spacer.

Pani Dominika szybko zapłaciła. Oboje z synem, który szedł w nowiutkich kaloszach wracali do domu. Przez całą drogę chłopiec trzymał mamę za rękę. Gdy dotarli na miejsce, w progu przywitał ich Dyngus. Skakał, piszczał, szczekał. Cieszył się z całego psiego serca. To nic, że przy tej okazji w przedpokoju pojawiła się ogromna kałuża. W końcu imię zobowiązuje. Chłopiec przytulił szczeniaczka.

– Dyngus, mój piesek – szepnął mu do oklapłego brązowego ucha.

Chłopiec poszedł z jamnikiem na długi spacer. Dyngus był szczęśliwy, a Pawełek wcale się nie nudził. Bawili się w berka i chowanego. W domu czekała już na nich mama i pyszny obiad z szarlotką na deser. Dyngus też dostał swój ulubiony psi smakołyk.

Kalosze przyglądały się temu wszystkiemu i cieszyły się, że udało się pokazać Pawełkowi, jak wygląda jego zachowanie. Były zadowolone i zmęczone dzisiejszym długim dniem.

Przez drzwi z pokoju Pawełka dochodził spokojny głos pani Dominiki czytającej synkowi bajkę na dobranoc.

Supełek czwarty
dla rodziców

Pinke i Huragan, czyli o tolerancji i ocenianiu po pozorach

Tolerancja oznacza cierpliwość i wyrozumiałość dla odmienności. Jest poszanowaniem cudzych uczuć, poglądów, upodobań, wierzeń, obyczajów i postępowania, choćby były całkowicie odmienne od naszych albo wręcz zupełnie z nimi sprzeczne.

Wychowywanie dziecka w duchu tolerancji to kształtowanie prawidłowej postawy względem osób prezentujących różne cechy zewnętrzne, inne zainteresowania czy umiejętności.

Już w wieku przedszkolnym przygotowuje-
my dzieci do pełnego uczestnictwa w życiu
społecznym. Poprzez wychowanie dążymy do
ukształtowania w nich postaw, dzięki którym
będą zdolne do harmonijnego współżycia
w czekającym na nich dorosłym świecie,
a jednocześnie będą rozwijały wartości własnej osobowości.

Nie oceniajmy książki po okładce, zadaj-
my sobie trud jej poznania. W opowiadaniu
pojawia się wózek inwalidzki symbolizujący
inność. Czasem bywa tak, że widok osoby
niepełnosprawnej budzi w nas lęk i od razu
powoduje zakwalifikowane jej do grona osób
innych – niestety, często gorszych. To niesprawiedliwe! W tym opowiadaniu ukazano,
że wózek inwalidzki może być wspaniałym
gawędziarzem, bohaterem wielu niezapo-
mnianych przygód. Może być autorytetem
i wzorem do naśladowania. Z całą pewnością
jego właściciel również. Pozwólmy o tym się
przekonać.

Nikt z nas nie lubi być oceniany po pozorach. Szata czasem zdobi człowieka, ale nie czyni go nim.

Mimo że ocenianie ludzi po pozorach jest cechą ludzką, to starajmy się jednak dostrzec wnętrze człowieka, poznać go, zobaczyć, jaki jest. Nie oceniajmy ludzi wyłącznie po wyglądzie i uczmy tego nasze dzieci.

Dorota Zawadzka

Supełek czwarty

dla dzieci

Pinke i Huragan

Dawno, dawno temu... w pewnym mieście... całkiem zwyczajnym, ani dużym, ani małym, przy głównej ulicy, która nazywała się po prostu ulica Główna, był sklep.

Ojej, ale już przecież o tym opowiadałam. Proszę o wybaczenie. Jestem już stara i czasem zapominam. Tak, tak, to ja... Śnica Piana – gaśnica zaczarowana. Stoję przy drzwiach prowadzących na zaplecze i przyglądam się światu.

Do sklepu przychodzi wielu klientów. Wszyscy lubią panią Marię, a poza tym buty w naszym „Obuwiu Modnym i Wygodnym" rzeczywiście takie właśnie są. To znaczy modne

i wygodne. Aaaa, i jeszcze do tego niedrogie,
co jest dość ważne. Prawda?

A więc gdy tak sobie stoję, to chętnie roz-
mawiam ze znajomymi. Nie, nie tylko z butami. Jak już wspominałam, mieszkańcy miasta lubią przychodzić do sklepu pani Marii,
a wówczas pojawiają się i moi znajomi. Na
przykład parasol doktora Chrypy, leczącego
wszystkich mieszkańców miasta. Przepastna brązowa torba pani Julii, która pracuje na
poczcie. Ojej, no przecież wiem, że nie torba
pracuje, tylko pani Julia. Od czasu do czasu pojawia się różowy rower naszej fryzjerki
– Zofii Loczek.

Pani Zofia jest bardzo miła, ale nie lubi,
kiedy nazywa się ją fryzjerką. Woli nazywać
się artystką fryzur. Rower artystki też ma
swoje imię. Jest namalowane złotymi literami
na fantazyjnie wygiętej ramie, a brzmi Pinkie
(czytaj: Pinki). Żartujemy często w sklepie,
że Pinkie jest światową damką. Pani Loczek
przywiozła ją z Holandii, gdzie rowerów jest

całe mnóstwo. Nie jest całkiem zwyczajnym
rowerem i ma swoją historię. Długo musiałam
prosić, ale w końcu zgodziła się i powiedziała:

– Moja Śnico kochana, ja doprawdy nie
wiem, czy powinnam ci zdradzić moją tajemnicę. Z drugiej jednak strony jest to opowieść
tak niezwykła, że chciałabym się nią z tobą
podzielić.

– Było to jakiś czas temu. Chyba dość dawno, bo miałam wtedy jeszcze te grubsze opo-
ny. Pamiętasz takie z wzorkiem i białym pa-
skiem z boku...

Chrząknęłam znacząco, bo Pinkie była znana
z tego, że potrafiła zapomnieć, o czym mówiła
lub niepostrzeżenie zmieniała temat rozmowy.

– No już dobrze, dobrze – opowiadam przecież. Było lato. Chyba połowa lipca. Lubię wa-
kacje, bo wtedy najczęściej wożę panią Zofię
na wycieczki za miasto. – Tego dnia wybrały-
śmy się nad rzekę. Pani Zofia zabrała koc
i trochę jedzenia. Już po kilku chwilach jazdy
ona wystawiała twarz do słońca na nadrzecz-

nej plaży, a ja drzemałam spokojnie w cieniu drzew. Marzyłam o startach w wyścigach kolarskich. Ach, stanąć rama w ramę z szybkimi jak sam wiatr sportowymi rowerami. Wyobraziłam sobie, że mknę przez szpaler wiwatujących kibiców. Przede mną było już widać błyszczącą wstęgę, oznaczającą linię mety. Jeszcze tylko kilka obrotów pedałami, błysk szprych i...

– Drrryń, drrryń!

– Co to? – z wrażenia o mało nie złożyła mi się podpórka.

– Dryń! Dzień dobry pani! – usłyszałam dochodzący zza drzewa głos.

– Jestem, jak wiesz, dobrze wychowana, więc oczywiście odpowiedziałam „Dzień dobry" i dalej spokojnie sobie stałam wygrywając a w myślach kolarskie wyścigi.

– Hmm, hmm, przepraszam panią, ale zapomniałem się przedstawić – powiedział nieznajomy. – Nazywam się Huragan. A pani jak ma na imię?

„Od razu odechciało mi się drzemki. Jak on się nazywa? Ach, taaak, Huragan", myślałam. „To znaczy, że jest szybki jak wiatr. Z pewnością zwyciężał w sportowych zawodach".

– Och, co za wspaniałe imię – powiedziałam. – Ja nazywam się Pinkie i jak pan się zapewne domyśla, jestem damką.

– Tak, oczywiście, od razu się zorientowałem. Bardzo mi miło poznać panią.

Nie mogłam powstrzymać swojej ciekawości i prosto z mostu zapytałam:

– Jak to jest być sportowym rowerem? Zawsze marzyłam, by kiedyś móc wystartować. Gnać z wiatrem w zawody wprost do mety.
– Och, Panie Huragan, proszę mi opowiedzieć o swoich wyczynach, rekordach, zwycięstwach. Bardzo proszę, chyba mi pan nie odmówi. Prawda?

– Nie bardzo jest o czym opowiadać – usłyszałam nieco zmieszany głos.

– Ależ, co pan wygaduje. Naprawdę bardzo proszę o jakąś historię – nie dawałam za

wygraną i wreszcie nowy znajomy zgodził się spełnić moją prośbę.

Muszę przyznać, że był znakomitym gawędziarzem. Czułam się tak jakbym to ja uciekała z peletonu czy też walczyła koło w koło na finiszowych metrach. Czas upływał mi bardzo szybko.

To wspaniałe, myślałam, poznać kogoś nowego. Szczególnie, gdy ten ktoś jest taki interesujący.

– Pani Pinkie! – usłyszałam wreszcie zza drzewa. – Muszę już jechać. Było mi doprawdy bardzo miło poznać panią. Do zobaczenia.

– Wzajemnie. Tak się cieszę, że pana poznałam. Mam nadzieję, że się jeszcze kiedyś spotkamy.

Mój nowy znajomy odjechał ze swoim właścicielem. Niestety, stałam schowana za drzewem w taki sposób, że mimo wysiłku nie mogłam wychylić reflektora i choćby błysnąć Huraganowi na pożegnanie. Zrobiło się późno i pani Zofia również szykowała się już do po-

wrotu. Wkrótce i my ruszyłyśmy do domu.

Po drodze zatrzymałyśmy się przy poczcie, gdzie moja właścicielka miała coś do załatwienia. Nie lubię czekać na ulicy. Nie wiadomo, koło kogo ciebie postawią. Tym razem trafiłam wprost fatalnie. Ledwie pani Zofia zniknęła w drzwiach poczty, a tuż obok podjechała dziewczynka w wózku inwalidzkim. Też mi pojazd. Koła jakieś takie skrzywione, uchwyty oblepione plastrami. Po prostu ruina. Że też nie wstyd mu jeździć po mieście. Odwróciłam kierownicę i starałam się nie zwracać na niego uwagi. Przecież z byle kim nie miałam zamiaru rozmawiać. Na szczęście pani Zofia dość szybko wróciła i już bez postojów dojechałyśmy do domu.

Następnego dnia była sobota i poranek przywitał nas piękną pogodą. Zaraz po śniadaniu ruszyłyśmy w drogę na nadrzeczną łąkę. Po cichu liczyłam na spotkanie z Huraganem. Nie zawiodłam się. Pojawił się chwilę po nas i byłam zła na siebie, bo znów przega-

piłam ten moment.

– Dryń, dryń, witam panią – usłyszałam głos zza grubego pnia.

– Och! Pan Huragan! Jakże się cieszę.

Chwilę trwało przekonywanie go do kolejnych opowieści, ale było warto. Jeszcze nigdy nie spotkałam kogoś takiego. Bawiliśmy się znakomicie i wydawało mi się, jakbym go znała od wielu lat. Kiedy oznajmił, że musi już jechać, byłam niepocieszona.

„Na szczęście jutro niedziela", myślałam. „Jeśli będzie ładnie, to znów pojedziemy za miasto". Tak też się stało.

Niestety, Huragan nie pojawił się. Było za to wiele innych rowerów. Przecież w taką pogodę, kto żyw ruszył na wycieczkę. Spotkałam znajome damki i bardzo sympatyczne rowery górskie. Opowiedziałam wszystkim o moim nowym koledze Huraganie. Nikt go jednak nie znał. Uznałam, że to bardzo dziwne. Nawet stary składak Sokół powiedział:

– Huragan? Nie, nie pamiętam takiego,

a przecież mieszkam tu najdłużej.

– To dziwne, bardzo dziwne – stwierdził.

Dyskutowaliśmy zawzięcie o nowych siodełkach, gdy wtem spostrzegłam, że do drzewa, przy którym staliśmy, zbliża się dwoje ludzi. Nie widziałam tu nigdy wcześniej żadnego z nich, ale wiedziałam od razu, kim są. Wychowałam się przecież w Holandii – kraju rowerów. A tam, gdzie jest najwięcej rowerów, najłatwiej również o ich złodziei. Skradali się od strony krzaków i nikt z plażowiczów nie mógł ich zobaczyć.

Wszyscy zamarliśmy, tak jakby miało to jakieś znaczenie dla osobników wyposażonych w nożyce do cięcia łańcuchów, którymi nas przymocowano.

Usłyszałam szczęk pękającej stali i prawie zemdlałam ze strachu.

– Zobacz, Gruby, ta różowa jest całkiem fajna.

– Nooo, chyba zagraniczna dameczka. Mamy szczęście, że łańcuch cienki.

Chciałam zadzwonić, ale jeden z porywaczy trzymał mnie za dzwonek.

– Och, żeby ktoś stanął w mojej obronie.

Straciłam już wszelką nadzieję, gdy zabrzmiał znajomy dźwięk:

– Dryń!!! Dryń!!! – to był dzwonek Huragana. – Pomocy, ratunku, złodzieje!

Zobaczyłam tylko, że kilka osób z plaży biegnie w naszą stronę i tym razem zemdlałam z wrażenia. Zbudził mnie hałas!
To wszystkie rowery gratulowały Huraganowi. Chciałam natychmiast przyłączyć się do nich. Przecież mnie uratował.

– Dziękuję, dziękuję, drogi Huraganie – zawołałam pełna entuzjazmu.

Ale co to? Okazało się, że przecież to wcale nie rower był moim wybawcą. Przede mną stał, przyjmując wyrazy uznania, skromnie i znajomo wyglądający wózek inwalidzki. Ten sam, który spotkałam przy poczcie.

Co za wstyd. Jak mogłam się wtedy tak zachować. Ale skąd mogłam wiedzieć, że to jest

właśnie Huragan?

– Przepraszam i dziękuję bardzo. Zachowałam się bardzo brzydko. Oceniłam pana tylko na podstawie wyglądu. A pan okazał się najodważniejszy z nas wszystkich. Jeszcze raz dziękuję.

– Nic się nie stało, pani Pinkie. Jestem przyzwyczajony. Moja właścicielka Julka też.

– Ale proszę mi wyjaśnić, jak mógł pan startować w tych wszystkich wyścigach, o których tyle mi pan opowiadał.

– Oczywiście, droga Pinkie. Julka jest mistrzynią w wyścigach wózków. Ma dopiero dziesięć lat, ale marzy o wyjeździe na olimpiadę specjalną, gdy będzie trochę starsza. To wspaniała dziewczynka i bardzo ją lubię.

– Och, tak, pamiętam Julkę, przecież ona często przychodzi do pani Zofii. Przypomniałam sobie jasnowłosą dziewczynkę, którą do fryzjera wnosił na rękach jakiś mężczyzna w mundurze policjanta.

– No tak, to właśnie pan Mateczka, komen-

dant policji w naszym mieście. Julka jest jego córką. Mama Julki często wyjeżdża, taką ma pracę. Jest stewardesą i lata samolotem. Często bardzo daleko.

– Stewardesa? Kto to taki? – spytałam.

– Nie wiesz? To jest taka pani, która na pokładzie samolotu pomaga pasażerom. To znaczy stara się, aby ta podróż upłynęła im miło i spokojnie.

– Już rozumiem, nic dziwnego, że tata jest z Julką częściej.

– No jasne. Za to mama Julki bardzo często do niej dzwoni. Rozmawiają i śmieją się czasem do późna. Aż w końcu przychodzi pan Mateczka i rozkazuje – w żartach – aby kładła się spać. W końcu jest przecież policjantem.

– Oczywiście! Teraz to wszystko jasne. Skoro mieszkasz u komendanta policji, już wiem, dlaczego nie bałeś się złodziei.

– Ależ, Pinkie. Nawet nie wiesz, jak strasznie się bałem. Nie mogłem jednak pozwolić, aby stała się krzywda tobie i innym rowerom.

Naszą rozmowę przerwało pojawienie się pani Marii. Tuż za nią szedł komendant Mateczka. Niósł Julkę na barana i oboje sprawiali wrażenie bardzo zadowolonych. Usłyszałam, jak pan Mateczka mówił do córki:

– Tak się cieszę, Juleczko. Tych łobuzów szukaliśmy bardzo długo, a teraz wreszcie przestaną okradać mieszkańców miasta.

– Tatusiu, to może z tej okazji pójdziemy na lody... Proszę, tatku. Bardzo proszę.

Pan Mateczka już miał coś powiedzieć, ale pani Zofia była pierwsza:

– O nie, moi kochani. Na lody idziemy razem. Jestem panu bardzo wdzięczna, za uratowanie mojej Pinkie.

Komendant chciał jeszcze zaprotestować, ale wystarczyło, że popatrzył w oczy dziewczynce, a jego twarz rozjaśnił szeroki uśmiech.

– Oczywiście, dziękujemy serdecznie.

– To jeszcze nie wszystko – oznajmiła wzruszona pani Zofia. Od dziś w salonie szanowni

państwo obsługiwani są za darmo.

Wówczas pan Mateczka z córką roześmiali się na cały głos. Zakłopotana fryzjerka nie wiedziała, jak zareagować. Wtedy komendant pokazał palcem czubek swojej gładkiej i zupełnie, ale to zupełnie łysej głowy. Teraz śmiali się już wszyscy. My z Huraganem też.

Pani Zofia do dziś przyjaźni się z państwem Mateczka, a moim najlepszym przyjacielem pozostał Huragan.

– Wspaniała historia, Pinkie. Dziękuję.

– Cieszę się – zdążyłam zakończyć opowieść w samą porę, bo zobaczyłam, że pani Zofia już wybrała buty.

I rzeczywiście Zofia Loczek w różowym płaszczu za chwilę podeszła do Pinkie. Miałam ochotę im pomachać na pożegnanie, ale nie mogłam. Posłałam, więc tylko za nimi piankową bańkę, a w niej piękny sen dla Pinkie.

Supełek piąty

dla rodziców

Maciek w krainie wyobraźni, czyli przedszkole da się lubić

Pójście do przedszkola niesie ze sobą nowe doznania i doświadczenia. Czasem może pojawić się lęk. Jest to stan, którego doznajemy wszyscy, bez względu na wiek czy płeć. Najsilniej jednak przeżywają go dzieci, bo jeszcze nie umieją sobie z taką sytuacją poradzić.

W przedszkolu bowiem dziecko wkracza w inny świat. To nie tylko miejsce pełne nowych osób i przedmiotów, jest to także instytucja, w której dziecko musi sprostać różnym

nowym wyzwaniom. Musi radzić sobie bez mamy, bawić się w nowe gry z nowymi dziećmi, samodzielnie jeść czy ubierać się. Jest jednym z wielu, musi się dzielić, współpracować i wcale mu się to nie podoba.

Te i inne zmiany w życiu dziecka mogą wywołać lęk separacyjny. Jest on spowodowany obawą przed długotrwałą rozłąką z najbliższymi. Odczuwanie tego właśnie rodzaju lęku może być wzmocnione przez zbyt wczesne posłanie dziecka do przedszkola. Nawet niektóre czterolatki nie są jeszcze na tyle dojrzałe, żeby zaakceptować i znosić dłuższą nieobecność mamy. Dziecko pozostawione w przedszkolu może się również bać, że rodzice zapomną o nim i nie odbiorą go na czas. Jest to lęk przed porzuceniem. Towarzyszy mu niepokój i przekonanie o tym, że na zawsze pozostaną w przedszkolu.

Lęki, ich brak lub ich nasilenie w głównej mierze zależą od postępowania rodziców.

Jedną z metod profilaktycznych może być stopniowe przyzwyczajanie i oswajanie dziecka z innymi osobami.

Dobrze jest poznać inne dziecko, które trafi do tej samej grupy, zapisać się na zajęcia integracyjne
w wybranym przedszkolu. Ważne jest, aby pokazać atrakcyjność zabaw z innymi dziećmi. Przedszkole stwarza przecież dzieciom dużo możliwości.

Nasze dziecko polubi swoje przedszkole, jeśli tylko uda się niektórym z nas - rodziców zapomnieć, jak bardzo sami nie lubiliśmy tam chodzić... Teraz przedszkola różnią się od tych, które pamiętamy. Niektóre są po prostu wspaniałe. Niech nasze dzieci same się o tym przekonają.

Dajmy im tę szansę!

Dorota Zawadzka

Supełek piąty

dla dzieci

Maciek w krainie wyobraźni

W salonie „Obuwie Modne i Wygodne" na ogół dzieje się wiele ciekawych rzeczy. Jako stała, a nawet bardzo stała lokatorka, mogę za to ręczyć własną dyszą. To nie byle co! Jestem przecież w końcu gaśnicą, a do czego nadaje się gaśnica bez dyszy?

Mam was! Wcale nie do niczego. Taka gaśnica nadaje się do mnóstwa rzeczy. Na przykład do zablokowania drzwi do sklepu w ciepły dzień. Albo do powieszenia na niej ciężkiej torby. Może też udawać słup ogłosze-

niowy, jeśli ktoś naklei na niej jakieś ogłosze-
nie. Ale jednej rzeczy z pewnością nie może
robić - gasić pożaru.

Do wieszania ciężkich toreb jestem zresztą
przyzwyczajona. To podobno wyrabia kondy-
cję. Poza tym torby są na ogół rozmowne
i mogę od nich usłyszeć ciekawe opowieści
z naszego miasta. Szczególnie lubię, gdy do
sklepu przychodzi pani Julia, urzędniczka z
poczty. Jej torba jest wielka i cała brązowa. Nie
jest bardzo ciężka, więc całkiem miło nam się
rozmawia. Poznałyśmy się dość dawno, więc
mówimy sobie po imieniu.

Ona do mnie mówi „Śniczko" albo „Pianko" – tak wolę. Ja nazywam ją „Grubaskiem".
Wcale się nie obraża, że tak do niej mówię,
ale musiałam obiecać, że będę ją tak nazywać
tylko wówczas, gdy będziemy same. W końcu
to nic przyjemnego być nazywanym Grubaskiem na cały głos.

Torba, jak już mówiłam, należy do pani
Julii. Pasują do siebie znakomicie, bo obie

są... jakby to powiedzieć, w dużym rozmiarze.
Właścicielka torby jest okrąglutka i niewyso-
ka. Wszyscy ją lubią, bo jest zawsze uśmiechnięta i tryskająca humorem. Ma przy tym
dość donośny śmiech. Gdy wspaniały nastrój
nie może się jej zmieścić w środku, wybucha
jak perlisty wodospad. Słychać ją wówczas
z daleka. Tego dnia też zbliżający się śmiech
pani Julii oznajmiał jej rychłe przybycie.

Umierałam z ciekawości, aby się dowie-
dzieć, co ją tak rozśmieszyło. Nie czekałam
długo. W chwilę potem próg sklepu przekro-
czyła szeroko uśmiechnięta pani Julia z prze-
wieszoną przez ramię brązową torbą. Torba
natychmiast powędrowała do mnie. To znaczy
pani Julia na zawiesiła ją na mnie.

Zwykle przychodziła do sklepu z synem.
Tym razem jednak go nie było.

– A gdzie Maciek? – zapytałam zdziwiona.
– Zawsze przychodził z mamą.

Synek pani Julii ma pięć lat. Gdy przychodził z mamą do sklepu, w ogóle się nie odzy-

wał. Siadał sam w kącie przy wystawie
i obserwował ulicę przed sklepem. Właścicielka sklepu, pani Maria, próbowała z nim rozmawiać, ale chłopiec nie odzywał się. Nic nie
robił, tylko tak siedział i patrzył przez szybę.

Pani Julia opowiadała, że Maciek nie odstę-
puje jej na krok. Gdzie ona – tam i on.
W dzień i w nocy. Nie chciał się bawić się
z innymi dziećmi, tylko z mamą lub tatą. Tak
więc byłam bardzo zdziwiona, że pani Julia
przyszła do sklepu sama.

– Maciek został na podwórku z dziećmi
– odpowiedziała torba Grubasek. – Bawią się,
że aż miło popatrzeć. Mama pani Julii przyje-
chała i ma wszystko na oku.

– Naprawdę? – niedowierzałam. – Przecież
on się z nikim nie chce bawić. Pamiętam, jak
mi opowiadałaś historię z czwartych urodzin
Maćka.

– Oczywiście, wtedy Maciek był zupełnie
inny. Wszystko było dobrze, dopóki nie przyszli goście. Ciocie i wujkowie wraz z ciotecz-

nym i wujecznym rodzeństwem.

Maciek dostał wspaniałe prezenty, ale wcale się nimi nie bawił. Siedział w kąciku, przytulając do siebie pudełka z zabawkami. Nikomu nie pozwalał ich nawet dotknąć.

– Widzicie, jakie mam zabawki! – wołał Maciek. – One są moje! Tylko ja się nimi mogę bawić! Jak chcecie, pokaże wam z daleka, co dostałem. O, zobaczcie, to jest lokomotywa, która wypuszcza prawdziwy dym z komina i ma z przodu światełko. A to jest samochód. Fajny, prawda? Otwierają się w nim drzwi i bagażnik. A to są klocki. Patrzcie, jakie kolorowe. Można z nich wszystko zrobić.

– Maciek, chodź z nami budować zamek z klocków – poprosiły dzieci.

– Nie chcę. To moje klocki i nie wolno się wam nimi bawić.

– No to może pobawimy się w dom – zaproponowały dziewczynki.

– Nie bawię się w jakiś głupi dom. To „dziewczyńska” zabawa. Same się w nią bawcie.

Dzieci próbowały zachęcić Maćka, ale on pilnował nowych zabawek, jak kwoka piskląt. Goście bawili się więc sami. Było im bardzo wesoło. Tylko gospodarz siedział naburmuszony.

Ciocie i wujkowie w końcu zabrali swoje pociechy i wyszli. Maciek mógł spokojnie zacząć się bawić swoimi urodzinowymi prezentami. Układał klocki, woził samochodem ulubionego misia. W końcu obserwował lokomotywę, która wydając głośne „Puff, puff", jeździła szybko po torach. Mama i tata przyglądali mu się z nieco zatroskanymi minami. Ale cóż było robić, Maciek taki już był.

Mijały tygodnie. Pani Julia, która dotychczas cały swój czas poświęcała synkowi, postanowiła wrócić do pracy na poczcie. Rodzice powiedzieli więc chłopcu, że w tym roku od września będzie chodził do przedszkola.

Cóż to była za awantura. Krzyki, szlochy, rzucanie zabawkami, walenie pięściami, tupanie nogami. „Istne pandemonium", jak zwykła mawiać babcia Niusia, ciotka pani Julii.

Właśnie tę ciotkę spotkała przypadkiem mama Maćka. Opowiedziała o swoich kłopotach z synkiem. O tym, że Maciek nie chce się bawić z innymi dziećmi, i o tym, co się stało, gdy dowiedział się, że będzie chodzić do przedszkola. Starsza pani wysłuchała z uwagą całej historii. Wreszcie poprawiając grube okulary odparła:

– Drogie dziecko, tu nie ma co czekać. Przyprowadź chłopca do mnie w sobotę rano. Odbierzesz go w nicdzielę popołudniu. Myślę, że znajdę sposób na twoje kłopoty.

– Ale on nie będzie chciał pójść do cioci – usiłowała protestować pani Julia.

– To nic – staruszka nieznacznie się śmiechnęła. – Daj mu tę rzecz – powiedziała, podając pani Julii mały granatowy woreczek. Był on dość ciężki. Gdy pani Julia go do mnie wrzuciła, boleśnie odczuło to moje dno.

– Nie wolno ci otwierać tego woreczka. Tylko Maciek może do niego zajrzeć. Pamiętaj. Inaczej wszystko na nic i nie będę mogła ci

pomóc. Czekam w sobotę o dziesiątej rano.

Zanim pani Julia zdążyła cokolwiek powiedzieć, babci Niusi już nie było.

Mama Maćka nawet zastanawiała się, czy coś jej się nie przywidziało, ale nie. Przecież na moim torbowym dnie leżał mały granatowy woreczek przewiązany złotą wstążką.

Gdy wróciłyśmy do domu, Maciek znudzony samotną zabawą sprawdzał, co znajduje się w jego lokomotywie. Dłubał w niej śrubokrętem taty, siedząc na środku pokoju. To zajęcie musiało już trwać jakiś czas, gdyż wokół chłopca na podłodze leżało mnóstwo śrubek, blaszek, kółek, sprężynek... czyli wszystkiego, co zwykle znajduje się w małych zabawkowych lokomotywach.

– Maciusiu, dziecko, coś ty zrobił? – pani Julia załamała ręce.

– Nic, mamo, naprawiłem pociąg.

– Ale on teraz nie będzie jeździł – mama Maćka była naprawdę zdenerwowana.

– No właśnie – odpowiedział z uśmiechem

chłopiec. – Jak jeździł, to wypadał z szyn
i musiałem go wstawiać, a teraz nie muszę.
Naprawiłem pociąg.

Pani Julia nic już nie powiedziała. Pamiętała, że czeka ją jeszcze rozmowa z synem na
temat wizyty u cioci Niusi. Po kolacji usiadła
z chłopcem w jego pokoju i nic nie wyjaśnia-
jąc, podała mu granatowy woreczek. Maciek
natychmiast go rozwiązał i po chwili trzymał
w ręku niewielką szklaną kulkę.

– Oooo, jaka piękna – szepnął wpatrzony
w jej roziskrzone światłem wnętrze.

– Syneczku – pani Julia postanowiła wy-
korzystać moment – w sobotę zabiorę cię do
babci Niusi.

– Dobrze, mamusiu – odpowiedział chłopiec
zajęty nową zabawką.

– Zostaniesz na troszeczkę u cioci. Tata od-
bierze cię w niedzielę po południu.

– Tak, mamo, to bardzo fajnie – odparł Maciek ku zaskoczeniu pani Julii.

– Popatrz, mamusiu, w tej kuli są motyle.

Spójrz, złote i różowe. Jak pięknie fruwają.

Chłopcu ogromnie spodobała się kula. Trzymał ją w ręku przez cały czas aż do pójścia spać. Wówczas poprosił mamę, aby położyła kulę przy jego poduszce. Chwilę potem już spał.

Sobota nadeszła bardzo szybko. Przez ten czas Maciek był jakiś nieswój. Wciąż bawił się szklaną kulą, ale jego rodzice zauważyli coś jeszcze. Chłopiec przestał się złościć z byle powodu, chętniej też wychodził na dwór.

Wreszcie nadeszła sobota i punktualnie o dziesiątej pani Julia z synem stanęli przed ciężką żelazną furtką. Babcia Niusia mieszkała na skraju miasta. Miała tam mały domek z ogródkiem. W ogródku drewnianą altankę. Przed tą altanką w promykach słonka zwykle wygrzewał się kot. Prawie tak duży jak tygrys. Babcia Niusia niezmiernie rzadko pojawiała się na rodzinnych uroczystościach. Gości też raczej nie przyjmowała. Była uważana przez resztę rodziny za osobę co najmniej niezwykłą.

Pani Julia wcisnęła przycisk dzwonka,

chwilę potem rozległ się szczęk zamka i furtka niemiłosiernie skrzypiąc, stanęła przed nimi otworem. Babcia Niusia czekała.

Weszliśmy do środka, a za nami drzwi zamknęły się same. Kot czekał na środku ścieżki prowadzącej do domu cioci Niusi. Zamiauczał, jakby chciał powiedzieć „Witajcie", i ruszył przodem, prowadząc nas wąską ścieżką do domu starszej pani.

Maciek był bardzo ciekaw tego domu i ciotki, której nigdy wcześniej nie widział. Babcia Niusia przyjęła ich pysznym sokiem z malin i szarlotką. Po krótkiej rozmowie, podczas której bacznie przyglądała się Maćkowi, pożegnała panią Julię i została z chłopcem sama. Miałam szczęście. Pani Julia zapakowała do mnie rzeczy syna. Dzięki temu wiem, co wydarzyło się później.

Maciek wyjął z kieszeni szklaną kulę i wtedy wszystko wokoło jakby pojaśniało i nagle znaleźliśmy się wszyscy na zielonej łące, pełnej kwiatów. Niedaleko bieliły się

mury zamku, wyglądającego na zaczarowany, a nad ziemią unosiły się w tańcu setki i tysiące różnokolorowych motyli.

Maciek z zachwytu otworzył szeroko usta.

– Chodź, chłopcze – powiedziała ciotka i wzięła go za rękę. – Pójdziemy do pałacu Króla Wyobraźni.

Szli po miękkim dywanie z kwiatów i trawy, a Maciek nie mógł uwierzyć, w to, co się działo.

W pałacu przywitał ich orszak Króla Wyobraźni. Piękne damy dworu i wspaniali rycerze. Wszyscy byli uśmiechnięci i wyraźnie szczęśliwi, że mają gości. Wreszcie w długiej sali, której sklepienie podpierały srebrne kolumny w kształcie pni drzew, zobaczyli siedzącego na tronie chłopca. Wyglądał jakby był w wieku Maćka.

Król – bo to właśnie on był we własnej osobie – zbiegł z podwyższenia, na którym stał tron.

– Witaj, Najmądrzejsza! – zwrócił się do babci Niusi.

– Tak się cieszę, że już jesteście. A to musi
być chłopiec, o którym mi opowiadałaś. Maciek, prawda? – król wyciągnął rękę do zupełnie zaskoczonego Maćka.

– Chodźcie, proszę, dziś są moje urodziny.
Będzie wspaniałe przyjęcie. Mnóstwo prezen-
tów. Zabawy, konkursy, gry.

Rzeczywiście w pomieszczeniu obok stała
już kolejka gości. Jak wyjaśniła Maćkowi ciocia
Niusia, wszyscy oni byli książętami, królowymi
i królami zaczarowanych krain – sąsiadami Króla Wyobraźni. Chłopiec spostrzegł damę w suk-
ni mieniącej się wszystkimi kolorami. Wysoka
i dumna, ale pod spojrzeniem jej niebieskich,
głębokich jak górskie jeziora oczu każdemu ro-
biło się na sercu dziwnie nieswojo.

– To Królowa Piękna – Niusia uprzedziła
pytanie chłopca. – Jest rzeczywiście wspaniała, a jej królestwo nie ma sobie równych.

Za nią podążał uśmiechnięty pan wystrojo-
ny w błękitną pelerynę z wizerunkiem roześ-
mianego słońca. Wokół niego biegały i bawi-

ły się razem dzieci.

– A to, ciociu, kto to jest? Zaraz, ja sam zgadnę, nie mów. To Król Radości! Prawda?

– Odgadłeś znakomicie, Maćku, to rzeczywiście władca Królestwa Radości.

Wszyscy goście wręczali Królowi Wyobraźni prezenty. Wkrótce u podnóża tronu piętrzyły się stosy najwspanialszych zabawek. Były elektryczne samochody, którymi można samemu jeździć. Rowery, piłki, pudła z przeróżnymi klockami. Wreszcie uroczystość dobiegła końca.

Maciek spojrzał na babcię Niusię ze smutną miną.

– Ale fajne zabawki dostał król. Chodźmy już, ciociu, on się teraz będzie bawił. Wracajmy.

– Dobrze, Maćku. Skoro chcesz... Wracajmy.

Odwrócili się i ruszyli w stronę wyjścia. Nagle usłyszeli wołanie Króla:

– Maćku! Nie odchodź, proszę. Pobaw się ze mną.

Chłopiec z radości omal wycałował starszą panią.

– Już biegnę, królu! – krzyknął i popędził z powrotem.

Bawili się znakomicie. Jeździli na rowerach, grali w piłkę, pływali w pałacowym basenie. Gdy zapadł zmrok, królewscy służący zaprowadzili Maćka i babcię Niusię do ich pokojów. Maciek był tak zmęczony i szczęśliwy, że usnął natychmiast.

Śniło mu się jego przyjęcie urodzinowe i nie był to miły sen. Chłopiec przypomniał sobie, jak krzyczał na inne dzieci i nie pozwalał bawić się swoimi zabawkami. Gdy się obudził, było mu trochę wstyd.

Tego dnia Maciek poznał innych młodych mieszkańców Królestwa Wyobraźni. Nie nudził się ani chwili. Zapomniał nawet o obiedzie, co nie zdarzało mu się nigdy wcześniej.

Słońce opadało coraz niżej, a dzieci wymyślały coraz to nowe gry i zabawy. Byli już piratami zdobywającymi skarby. Bawili się w Indian polujących na bizony. Dziewczynki pokazały Maćkowi, że zabawa w dom też

może być fajna. W końcu babcia Niusia, która obserwowała zabawę z pałacowego tarasu, zawołała chłopca.

– Maćku, czas się pożegnać. Wracamy do domu. Za chwilę przyjdzie po ciebie tata.

– Oj, ciociu, proszę, jeszcze chwilę. Chwilkę małą, maleńką.

Staruszka uśmiechnęła się tajemniczo i powiedziała:

– Nie martw się. Kto wie, być może spotkasz swoich nowych kolegów szybciej niż ci się wydaje.

Maciek chciał protestować, ale starsza pani otoczyła go szczelnie swoim szarym płaszczem.

Kiedy zasłona opadła, byli na progu domu cioci Niusi. Kot mruczał przyjacielsko i nadstawiał grzbiet do głaskania.

Od furtki słychać już było wołanie taty:

– Dzień dobry, babciu Niusiu!

Staruszka pochyliła się i szepnęła chłopcu do ucha: – Jeśli zgodzisz się na rzecz, o którą poprosi cię mama przed zaśnięciem, to obie-

cuję, że będziesz mógł się bawić jak dziś prawie codziennie.

– Ale babciu! Jak to możliwe? – Maciek nie dowierzał słowom starszej pani.

– Chłopcze – powiedziała – to nie wszystko. Musisz mi obiecać, że się zgodzisz.

Maciek pomyślał chwilę.

– Ojej, niech będzie, obiecuję.

Starsza pani uśmiechnęła się jak zwykle tajemniczo.

– Dobrze, więc wszystko ustalone i koniec dyskusji.

Wtedy nadszedł tata Maćka. Uściskał chłopca, przywitał się z babcią Niusią. Wypili herbatę z sokiem malinowym i ponieważ zrobiło się już ciemno, wszyscy razem ruszyliśmy do domu.

Mama czekała z niecierpliwością. Jaki będzie ten jej odmieniony Maciek? No i wiele się tego dnia nie dowiedziała, bo chłopiec zmęczony zabawą chciał już tylko spać. Mama przed snem pochyliła się nad nim i szepnęła:

– Tak bym chciała, żebyś zaczął chodzić do przedszkola.

– Tak, mamusiu, dooobrze – ziewnął Maciek i już spał.

Następnego dnia pani Julia rozpoczynała pracę. Rano chłopiec po raz pierwszy był prowadzony przez mamę do przedszkola. Kiedy dotarli na miejsce, Maciek nie był zadowolony. Szczerze żałował obietnicy złożonej babci Niusi. Ale już w przedszkolnej szatni spotkała go niespodzianka, gdy w drzwiach stanął jakiś pan z synem.

Maciek aż przetarł oczy ze zdumienia. Przed nim stał Król Wyobraźni we własnej osobie.

– Cześć – powiedział. – Mam na imię Adam, a ty?

– Maciek! Wasza Król... Cześć Adam!

Torba kończyła swoją opowieść... Maciek teraz uwielbia chodzić do przedszkola. Bawi się z innymi dziećmi. Wszystko się zmieniło. Jest wesoły, uśmiechnięty, ma wiele koleżanek i kolegów.

– No dobrze – spytałam. – A co się stało z babcią Niusią?

– A co się miało stać? Babcia Niusia nadal mieszka w małym domku z ogrodem. Jej wspaniały kot wygrzewa się w pogodne dni na ławeczce przy krzewie bzu. Starsza pani również lubi tam siadywać. Przechodząc przy ogrodzeniu, można ich czasem zobaczyć. Trzeba się tylko wysoko wspiąć na palce.

Supełek szósty

dla rodziców

Czarodziejski parasol, czyli o dotrzymywaniu słowa

Nie jest łatwo sprawić, aby nasze dzieci wyrosły na ludzi dobrych, odważnych, uczciwych i odpowiedzialnych.

Jednym z elementów koniecznej w tym zakresie nauki jest nauczenie brania odpowiedzialności za własne słowa i czyny. Dotrzymywanie słowa, obietnic i umów podnosi i umacnia w dziecku poczucie własnej wartości.

Dotrzymywanie danych dziecku obietnic wzmacnia w nim zaufanie do nas i poczucie bezpieczeństwa. Bo przecież na rodzicach za-

wsze można polegać. Rodzice są w stu procentach odpowiedzialni. Dane przez nich słowo jest najważniejsze.

Dziecko nauczy się, jak być odpowiedzialnym poprzez przyglądanie się naszym zachowaniom. Oczywiście lepiej świadomie uczyć je dotrzymywania słowa, bowiem sama obserwacja może nie wystarczyć.

Nasze dziecko na pewno zrozumie, dlaczego czasem nie dotrzymujemy danego słowa. Ważne jest, abyśmy mu szczerze i skutecznie wytumaczyli powód takiego postępowania. Chodzi o to, by dziecko miało poczucie, że nam, tak jak i jemu, zależy na spełnieniu złożonej obietnicy.

Zawsze jednak trzeba pamiętać o tym, że sprawy drobne, zwykłe, z pozoru bez znaczenia, wymagają takiej samej troski o dotrzymywanie słowa, co sprawy wielkie. To, co dla nas rodziców ma może niewielkie znaczenie,

dla naszego dziecka jest najważniejszą sprawą pod słońcem. Zresztą nasza codzienność składa się głównie ze zdarzeń błahych, które w efekcie okazują się dla nas ważne.

Pamiętajmy więc o przedszkolnych przedstawieniach, meczach czy obietnicach wspólnie spędzonego czasu.

Dorota Zawadzka

Supełek szósty

dla dzieci

Czarodziejski parasol

Parasol to bardzo ważny i poważny przedmiot. Wiem to, bo jeden mój znajomy to parasol. Jest czarny i ogromny, z pięknie wyrzeźbioną rączką. Gdy na dworze pada, przychodzi z nim do salonu „Obuwie Modne i Wygodne" doktor Chrypa.

Tak, tak. Dobrze pamiętacie. Tata Pawełka. Chłopca, który bardzo się zmienił, gdy przez krótki czas patrzył na świat oczyma swojego pieska – Dyngusa. Otóż ten właśnie parasol opowiedział mi jakiś czas temu swoją historię. Jest to opowieść niezwykła. Ale od początku.

Pewnego słonecznego poranka doktor Chrypa jak zwykle szykował się do pracy.

– Eustachy, złotko moje! Zejdź wreszcie na śniadanie! – krzyczała z kuchni po raz nie wiadomo który jego żona – Dominika.

– Już, już schodzę, najdroższa – odpowiedziało Złotko, czyli doktor Chrypa.

Tych razów mogłoby być jeszcze bardzo wiele, ale w końcu pani Dominika poszła na górę. Tam pan Chrypa toczył nierówną walkę z różnymi częściami garderoby. Tym razem nieprzyjacielem były spinki od mankietów, które nieczułe na jego prośby i groźby za nic nie chciały się pozapinać.

– Kochanie, to wprost niestworzone! – zawołała pani Dominika. – Nasz Pawełek lepiej sobie radzi z ubraniem niż ty.

Widząc strapioną minę męża, nie mogła dłużej udawać zagniewania i głośno roześmiała się.

– Sama widzisz, że to nie takie proste – tłumaczył się nieco zasapany pan Eustachy. – Na dodatek mam umówione ważne spotkanie, na mieście. Nie mogę się spóźnić.

– Tatusiu, ale pamiętasz, że dziś w przedszkolu jest przedstawienie dla rodziców?

Pawełek z niepokojem patrzył na ojca wkładającego pospiesznie prawy but na lewą nogę i usiłującego jednocześnie posolić herbatę.

– Oczywiście, oczywiście, synku – wykrztusił pan Eustachy z pełnymi ustami, gdyż właśnie pochłaniał rogalika.

– Oj, kochanie, spójrz na mnie! – pani Dominika dobrze wiedziała, że jej mąż jest już myślami na ważnym spotkaniu i zupełnie nie ma pojęcia, o co właśnie pytał jego syn.
– Dziś w przedszkolu Pawełek występuje w przedstawieniu. Już dwa tygodnie temu przyniósł nam własnoręcznie zrobione zaproszenie...

Pan Eustachy stał na baczność i słuchał przemówienia żony. Tak właśnie zaczęła się opowieść parasola doktora Chrypy. A oto co było dalej.

Pan Chrypa, jak każdy z nas, ma swoje przyzwyczajenia. Jednym z nich jest noszenie

wszędzie ze sobą mojego rozmówcy, czyli parasola. Nieważne, że jest piękna pogoda i świeci słońce, a na niebie aż po horyzont nie widać ani jednej chmurki. Pan Eustachy nie wyjdzie z domu bez Jamesa (czytaj: Dżejmsa).

James jest arystokratą. Ma czarne pokrycie i błyszczące metalowe ramiona. Najbardziej jest jednak dumny z rękojeści z orzechowego drewna rzeźbionej na kształt lwiej głowy. Pan Eustachy kupił go w Londynie, w sklepie James Smith i Synowie.

Wówczas był jeszcze studentem medycyny. Często zdarzało mu się zmoknąć w londyńskim deszczu. Jak wiadomo, w tym mieście często pada. Postanowił, że kupi parasol i będzie go ze sobą zabierał zawsze, gdy wychodzi na ulicę.

Wracajmy jednak do środowego poranka w domu państwa Chrypów. Pani Dominika starała się przypomnieć mężowi, że właśnie na dzisiejsze popołudnie oboje są zaproszeni do przedszkola ich syna. Parasol oczywiście

pamiętał o przedszkolnym przedstawieniu, stał w przedpokoju i czekał niecierpliwie, aż jego właściciel wyjdzie wreszcie z domu. James nie znosił się spóźniać. Czasem gdy pan Eustachy gdzieś się spieszył, pozwalał sobie na małe czary. Dawał się porywać wiatrowi, prawie unosząc w górę pana Chrypę. Niepojętym sposobem wiatr wiał dokładnie w kierunku miejsca, do którego miał dotrzeć doktor.

Teraz James patrzył z niepokojem na Pawełka. Chłopiec miał smutną minę. Martwił się, że tata zapomni o obietnicy.

Dzieci w przedszkolu przygotowywały przedstawienie od dawna. Pani najpierw zapytała każdego, kim chciałby zostać, jak będzie duży. Właśnie takie postacie dzieci będą naśladowały na scenie.

James słyszał, jak chłopiec opowiadał o tym pani Dominice. To miała być niespodzianka dla pana Eustachego. Jego syn chciał zostać lekarzem, jak tata. Wszystko było już gotowe. Mama uszyła Pawełkowi biały lekarski strój.

Stare lekarskie słuchawki pana Eustachego czekały już w przedszkolu.

Dyngus – pies Pawełka – próbował skłonić go do zabawy, ale chłopiec nie miał na nią ochoty. Zastanawiał się, co tu wymyślić, żeby tata nie zapomniał i przyszedł obejrzeć jego występ.

– Już wiem! – prawie wykrzyknął i pobiegł do kuchni, gdzie na szafce stało zaproszenie do przedszkola. W chwilę potem był już w przedpokoju, trzymając je w ręku. „Przecież mój tata zawsze i wszędzie bierze ze sobą parasol. Przymocuję więc do niego zaproszenie. Tata spojrzy na nie i będzie pamiętał o przedstawieniu".

Chłopiec właśnie skończył przyczepiać kartkę do rączki, gdy do przedpokoju wszedł pan Eustachy.

– Aaaa, tu jesteś, syneczku. Daj staremu ojcu buziaka i bądź grzeczny. Do zobaczenia.

– Pa, tato! Nie zapomnij o przed...

Ale pan Eustachy był już za drzwiami. To był właśnie jeden z tych dni, gdy parasol mu-

siał użyć swoich czarów. Do spotkania zaledwie
kilka minut, a przed doktorem był kawał drogi.
James otworzył się i wiuuu… Dał się porwać
miejskiemu wietrzykowi.

Pan Eustachy musiał mocno trzymać się rączki, ale bez obawy. James wiedział, na ile może
sobie pozwolić. Za nic nie pozwoliłby wiatrowi
wyrwać się z dłoni doktora.

Nagle niespodziewany podmuch wiatru aż
zafurkotał pokryciem i różowa kartka już fruně-
ła wysoko nad domami. Za chwilę nie było jej
zupełnie widać. James tak był pochłonięty wy-
ścigami z wiatrem, że nawet tego nie zauważył.
Pan Chrypa też niczego nie spostrzegł. Jeszcze
tylko chwila i będą na miejscu. To bardzo ważne spotkanie.

Doktor otwierał nowy, większy gabinet.
Wszystko właściwie załatwione, ale trzeba było
jeszcze uzgodnić ostatnie szczegóły.

W tym czasie Pawełek z mamą szli do przedszkola. Jamnik Dyngus dreptał obok, wesoło
merdając ogonem.

– Pawełku, wiem, że tata obiecał być dziś na twoim występie, ale wiesz przecież, jak
z nim bywa. Lekarz to bardzo odpowiedzialny zawód. Może mieć pacjenta, który potrzebuje pomocy. Więc jeśli nie przyjdzie, to nie martw się. Dobrze?

– Mamo! Tata na pewno będzie. Zobaczysz.
A w myślach dodał: „Ma przecież zaproszenie przyczepione do parasola".

Gdy tak sobie wesoło szli, zerwał się wiatr. Ten sam wiatr, który niósł pana Chrypę na spotkanie. Nagle, jak różowy ptak papierowa kartka spadła z nieba prosto na nos Dyngusa. Przestraszony jamnik schował się za panią Dominikę
i stamtąd szczekał zajadle na nieznanego wroga.

– Spokojnie, piesku – powiedziała mama Pawełka. – To tylko kartka papieru.

Schyliła się, aby ją podnieść.

– No, proszę! Spójrz, Pawełku, to przecież zaproszenie na przedstawienie do twojego przedszkola.

Chłopiec szeroko otworzył oczy. Ojej! Jeśli

to jego zaproszenie, to znaczy... Pani Dominika
tymczasem czytała: „Zapraszam Was, mamo
i tato na przedstawienie. Pawełek".

– Przecież to nasze zaproszenie. Nic nie rozumiem. Skąd się tu wzięło. Czyżbym zostawiła
w kuchni otwarte okno? – zastanawiała się
mama Pawełka. – Skoro tak, to odprowadzę cię,
synku, i szybko wracam do domu. Jest silny
wiatr i muszę to sprawdzić.

Chłopiec był załamany.

– No tak – powiedział do siebie. – Teraz
wszystko na nic. Tata na pewno zapomni i nie
przyjdzie. Będą rodzice wszystkich dzieci, tylko
nie mój tata. To niesprawiedliwe.

Niestety, doktorowi Chrypie zdarzyło się już
nie pojawić na uroczystości syna. Pawełek miał
śpiewać piosenkę. Stał sam na scenie i wszyscy się na niego patrzyli, a on nie był w stanie
wydobyć z siebie nawet szeptu, a co dopiero
śpiewu. To była katastrofa. Na dodatek wczoraj
koledzy chłopca żartowali z niego:

– Ty się i tak nie masz co starać – mówili.

– Twój tata przecież na pewno nie przyjdzie.
Zapomni, tak jak ostatnim razem. Bo jest zapo-
minalski, jak słoń Trąbalski. Ha, ha, ha.

Pawełek ciągle słyszał ten śmiech. Mama chyba coś zauważyła, bo spojrzała mu w oczy
i powiedziała:

– Nie martw się, syneczku. Oboje z tatą bardzo cię kochamy. Wszystko będzie dobrze. Zobaczysz. Głowa do góry, mój przyszły doktorze.

– Łatwo ci mówić, mamo, a ja tak bym
chciał, żebyście przyszli oboje.

Pani Dominika przytuliła i ucałowała chłopca. Właśnie dotarli na miejsce i Pawełek już sam
pobiegł od furtki. Za chwilę zniknął za drzwiami przedszkola.

Mijały godziny i zbliżała się pora rozpoczęcia
przedstawienia. Dzieci były już gotowe, a sala
powoli zapełniała się rodzicami. Doktor Chrypa
skończył już pracę i zamykał właśnie gabinet.
Pielęgniarka spojrzała zdziwiona, że tak wcześnie wychodzi.

– Panie doktorze, proszę zaczekać. Dzwonił

jakiś urzędnik z ministerstwa i mówił, że to
ważne, i że za pół godziny chciałby się spotkać.

Doktor Chrypa odwrócił się tylko w drzwiach
i powiedział:

– Dziś przedstawienie u Pawełka w przedszkolu. To jest dla mnie teraz najważniejsza
sprawa. Do jutra.

Parasol znów lekko dał się ponieść wiatrowi.
Tym razem do przedszkola. Na widowni byli
już prawie wszyscy rodzice. Pani Dominika niecierpliwie spoglądała na drzwi sali. Nie tylko
ona. Zza kurtyny zerkał też Pawełek. I doczekali
się. W wejściu pojawiła się znajoma sylwetka
pana Eustachego.

– Tata! – chłopiec o mało co nie wybiegł
z radości do rodziców.

Przygasły światła i rozpoczęło się przedstawienie.

Pawełek ani razu nie pomylił tekstu.

– Tak, tak – przemawiał basem. – Dbajcie
o zdrowie. Myjcie zęby, uszy i szyję. Jestem
doktor Paweł Chrypa i powiem wam, co należy
robić, aby nie chorować.

Pan Eustachy był dumny z syna. Kiedy spektakl się skończył, wszyscy rodzice bili brawo. Potem było przyjęcie z ciastkami i sokiem. Gdy wrócili do domu, doktor Chrypa wziął syna na kolana:

– Wiem, że było ci przykro, kiedy nie pojawiałem się na uroczystościach w przedszkolu – mówił. – Mnie też niełatwo jest się z tym pogodzić. Jestem przecież twoim tatą i bardzo cię kocham, ale jestem również lekarzem i jeśli potrzebuje mnie chory, muszę przyjść mu z pomocą. Pamiętaj, Pawełku, że nawet gdy nie zobaczysz mnie na widowni, to myślę o tobie i trzymam kciuki, żeby twój występ udał się jak najlepiej.

Wieczorem jak zawsze pani Dominika przyszła do pokoju syna poczytać mu na dobranoc. Tym razem jednak zastała tam doktora Chrypę. Siedział w fotelu przy łóżku chłopca.

– Dawno, dawno temu, za siedmioma górami...

Pawełek zrozumiał, że na swoim tacie zawsze może polegać.

Supełek siódmy
dla rodziców

Goście z daleka, czyli jak uwierzyć we własne siły

Czy pamiętacie, jak uczyliście się nowej czynności? Jak bardzo złościliście się sami na siebie, nie mogąc od razu zrobić czegoś perfekcyjnie? Czasem nie wystarczała wiedza teoretyczna, cierpliwość czy życzliwe instrukcje innych osób.

Trzeba było w samotności poćwiczyć, by coś się udało. Jeśli wiecie, o czym piszę, to postarajcie się spojrzeć przez pryzmat tej wiedzy na swoje dziecko, które po raz pierwszy siada na rowerku albo po raz pierwszy ma pokolorować obrazek „bez wychodzenia za linię", oczywiście. Zauważcie, z jakim trudem

trzyma w ręku po raz pierwszy nożyczki i pomagając sobie językiem, próbuje ciąć papier wzdłuż narysowanej linii.

Jeśli zaś, jesteście we wszystkim doskonali i każdą rzecz potraficie zrobić wspaniale od początku, to po prostu uznajcie, że wasze dziecko ma prawo nie być takim chodzącym ideałem i nie musi ani się z wami ścigać w byciu perfekcyjnym, ani tym bardziej wam tego udowadniać...

Jeśli wasze dzieko nie daje sobie rady z uczeniem się nowych rzeczy, to może po prostu trzeba troszkę odczekać... Dać dziecku dorosnąć. A może ktoś inny potrafi mu pomóc? Czasem bowiem bywa tak, że nasze „dorosłe" nerwy oraz założenie, że dziecku i tak się nie uda, powodują, że rzeczywiście nie udaje mu się.

Zdania: „Ja w twoim wieku już to potrafiłem" w żaden sposób nie motywują do wysiłku. Wręcz przeciwnie, mogą powodować obniżenie samooceny i utratę wiary we własne siły.

Niekiedy wystarczy odrobina magii, tak jak

w opowiadaniu o Tomku wystarczył „zaczarowany wiertaczek", a także cierpliwość i wyrozumiałość babcinego serca.

Wspaniale jest spełniać marzenia i uczyć się świata, ale aby świat był przyjazny, trzeba dać dziecku szansę na spokojne okiełznanie go, poznanie i cieszenie się nim i własnymi sukcesami.

Dorota Zawadzka

Supełek siódmy

dla dzieci

Goście z daleka

W pewnym mieście przy głównej ulicy jest sklep. Nazywa się „Obuwie Modne i Wygodne". Pani Maria otwiera go punktualnie o dziesiątej, a zamyka o osiemnastej.

W soboty i niedziele sklep jest nieczynny, ale właścicielka często i tak do niego przychodzi. Wiem to, bo stoję tu przez cały czas – w tym samym miejscu, przy drzwiach na zaplecze. Stara, lekko obtłuczona... Śnica Piana – gaśnica zaczarowana.

Pani Maria nie jest już młoda, ale obraziłaby się, gdyby ktoś nazwał ją staruszką. Ma dorosłego syna Michała, a on też ma już własne dzieci. Bliźnięta Angela (czytaj:

Andżela) i Tom skończyły pięć lat. Pani Maria mówi o nich Anielka i Tomek. Mieszkają bardzo daleko. Aż w Afryce i to na samym jej dole, to znaczy na południu. Pan Michał jest kierowcą. Startuje w rajdach samochodowych. Właśnie podczas jednego z afrykańskich rajdów poznał Mary, mamę Angeli i Toma.

Było to wtedy, gdy pan Michał zgubił się na trasie rajdu, która przebiegała przez tereny Parku Narodowego Krugera. Mary jest tam strażniczką przyrody i pomogła załodze Michała. Mary pochodzi z afrykańskiego plemienia Zulu, więc jej skóra jest czarna jak hebanowe drewno albo, jak gorzka czekolada.

Z Afryki do sklepu pani Marii droga daleka, więc Michał nie odwiedzał mamy zbyt często. W pewne sobotnie przedpołudnie jak zwykle stałam w sklepie i wyglądałam przez wystawowe okno. Opowiedziałam już butom ostatnią historię, zasłyszaną od parasola pana Chrypy i postanowiłam chwilę pomilczeć. Nie zdziwił mnie widok pani Marii otwierającej

drzwi. Właścicielka sklepu, kiedy jest jej smutno samej siedzieć w domu, woli przyjść do nas. Robi wtedy porządki i jest wesoło, bo wszyscy, to znaczy buty i ja, lubimy być łaskotani przy odkurzaniu. Tym razem jednak, wszystkich nas miała spotkać niespodzianka.

Nie minęło wiele czasu, kiedy przed sklepem pojawiła się czerwona taksówka. W naszym mieście jeżdżą tylko czerwone taksówki. Z samochodu wysiadły trzy osoby. Młody opalony mężczyzna i dwójka dzieci o nieco ciemniejszej skórze. Drzwi były otwarte, więc weszli i stanęli wszyscy przy ladzie. Pani Maria nie mogła uwierzyć własnym oczom. Przed nią we własnej osobie stał jej syn Michał. Na dodatek z ukochanymi wnukami – Anielką i Tomkiem. Właścicielka na widok całej trójki rozpłakała się ze wzruszenia i radości.

– Kochani moi! Co za niespodzianka. Czy to sen? Anielko! Tomku! Chodźcie do babci.

Uściskom nie było końca.

– Dlaczego mnie nie uprzedziliście o przyjeź-

dzie? Czy coś się stało? – pytała pani Maria.

– Spokojnie, mamo, wszystko w porządku. Po prostu stęskniliśmy się za tobą. Twoje wnuki ledwie cię pamiętają. Zrobiliśmy rodzinną naradę i zdecydowaliśmy, że jedziemy w odwiedziny. Niestety, pojutrze wyjeżdżamy, bo czeka nas długa podróż przez całą Europę. Tym razem więc nie możemy zostać długo, ale obiecujemy poprawę.

– Wspaniale, że jesteście! – cieszyła się pani Maria. – Znakomicie! Świetnie! Szkoda tylko, że na krótko i nie w komplecie. Wiesz, że bardzo lubię Mary, a szczególnie jej opowieści o zwierzętach.

– Niestety, mamo, tym razem nie było takiej możliwości. Mary ma nowe obowiązki. Ma teraz już nie tylko dwoje, ale co najmniej dziesięcioro dzieci.

– Jak to, synku? – zdziwiła się pani Maria. – Jakim cudem? Skąd? Opowiadaj szybko i nie denerwuj starej matki.

– Oj, mamo! Po pierwsze, nie jesteś stara.

Po drugie, wcale nie chciałem cię denerwo-
wać. A po trzecie... To może Anielka i Tomek
wyjaśnią ci wszystko. Ja muszę dosłownie na
chwilę wyjść, ale nie martw się – dodał, widząc smutek na maminej twarzy – to zajmie
mi dosłownie kilka minut.

– No, moi kochani! – pani Maria popatrzyła
na każde z wnucząt. – Jak to jest z tymi nowymi dziećmi waszej mamusi?

Angela i Tom siedzieli już na swym ulubio-
nym miejscu. To znaczy u Pani Marii na kola-
nach. Chłopiec pierwszy zaczął tłumaczyć:

– Babciu, one są piękne i mają takich
uszów wielgachne, jak latająca kałuże.

– Tom racja ma. Babciu, i jeszcze ma trąba każdy dziecko taka długi. Co do picia jest
albo polewa wodą jak prysznicu.

Anielka i Tom wychowywali się przez całe
życie w Afryce i oprócz taty nie mieli z kim
rozmawiać w naszym języku.

„To nic – pomyślała pani Maria. Zapakuję
Michasiowi kilka jego książeczek z dzieciń-

stwa. To powinno pomóc".

Pani Maria już wiedziała, jakie to „nowe dzieci" ma jej synowa. Mary opiekowała się słoniowym sierocińcem. Chociaż słonie są pod ochroną, to niestety, są ludzie, którzy nic sobie z tego nie robią. Małe słoniątka, które straciły rodziców, nie miałyby szans na przeżycie. Dzięki opiece mamy bliźniaków wyrosną na piękne zwierzęta.

W tej chwili wrócił pan Michał, niosąc przed sobą wspaniały bukiet kwiatów.

– Mamusiu, to dla ciebie. Chcieliśmy kupić po drodze, ale dzieci nie mogły się już doczekać, więc...

Po chwili cała czwórka: pani Maria, pan Michał, Anielka i Tomek znów padli sobie w objęcia. Kiedy się już wyściskali i wycałowali, pani Maria zamknęła sklep i zabrała syna z wnukami do domu. Gdy tylko zniknęli za rogiem ulicy, wśród butów rozgorzała dyskusja.

– Widzieliście – z przejęciem mówiły stojące

najwyżej pantofelki – jaką niespodziankę
zrobili naszej pani Marii?

– Pewnie, że widzieliśmy – chórem odpowiedziały oficerki. A lakierki dodały:

– Nie przypuszczałyśmy, że te wnuki są już
taki duże. No, no, kto by pomyślał.

– Szkoda, że sobie poszli – westchnęły
z rozmarzeniem kalosze. – Posłuchałoby się
opowieści z dalekiej Afryki. Ciekawe, jak spę-
dzą te dwa dni. Jak my się dowiemy, co teraz
będzie się działo?

Ja, Śnica Piana, nie martwiłam się zbyt-
nio, bo w naszym mieście wieści rozchodzą
się szybko. Liczyłam więc na to, że czegoś się
wkrótce dowiemy. Miałam rację, ale przeko-
nałam się o tym dopiero w poniedziałek.

Tuż po otwarciu do sklepu przyszła pani Julia. Jej przepastna brązowa torba, którą nazywam Grubasek, jest moją dobrą znajomą.

– Witaj, Pianko – zaczęła torba. – Umieram
wprost z ciekawości, droga przyjaciółko. Czy
przypadkiem nie wiesz, kim są dzieci, które

widziałam w sobotę z panią Marią?

Wyjaśniłam Grubaskowi, co stało się w sobotę.

– Ach, dziękuję, Pianko.

– Jak już mówiłam, zobaczyłam ich na placu zabaw, gdzie byliśmy z Maćkiem. Ten nieznajomy chłopiec miał rower. Wiesz, taki mały, dziecinny. Jego tata usiłował nauczyć go jeździć. Chłopiec strasznie płakał i wcale nie miał ochoty wsiadać na rowerek, a kiedy w końcu usiadł, to zupełnie zapominał o kręceniu pedałami. Co prawda, trzymał mocno kierownicę, ale zamiast przed siebie, patrzył w dół, jakby czegoś tam szukał. Mówiąc krótko, nic mu nie wychodziło. Jego tata był bardzo zdenerwowany, że synek nie potrafi się nauczyć. W końcu usiadł na ławce zrezygnowany, a chłopiec z płaczem pobiegł do pani Marii.

– No i co było dalej? – pytałam. Teraz ja byłam ciekawa rozwoju wypadków.

– Niestety, kochana Pianko, nic więcej nie wiem. Maciek szedł w sobotę z tatą do kina, więc na placu zabaw byliśmy krótko.

Pani Julia skończyła już codzienne ploteczki z panią Marią i zmierzała do wyjścia. Widać było, że się spieszy, więc szybko pożegnałyśmy się.

– No, to już coś wiem. Tom uczył się jeździć na rowerze i ta nauka nie najlepiej mu szła.

„Dryń, drrrryń", usłyszałam tuż obok znajomy dźwięk dzwonka.

– Witaj, Pinkie! – przywitałam się ze znajomą.

Różowa damka – rower pani Zofii – zawsze miała coś ciekawego do opowiedzenia.

– Dzień dobry! – odpowiedziała Pinkie. – Co nowego słychać?

Opowiedziałam więc przyjaciółce całą historię od początku. Jak pan Michał z Anielką i Tomkiem zrobili pani Marii niespodziankę. Wiadomości uzupełniłam informacjami przekazanymi przez torbę.

– Ach! To ja ich widziałam, w niedzielę. Ale to chyba niemożliwe. Przecież ten chłopiec znakomicie jeździ na rowerze.

– Oboje z siostrą chcieli się nawet ze mną

ścigać. No, oczywiście, że jestem szybsza, ale muszę przyznać, że dzieci bardzo dobrze sobie radziły.

Spojrzałam na Pinkie zdumiona, bo nic już nie rozumiałam. Przecież Tom nie potrafił i nie chciał nauczyć się jeździć. To dopiero tajemnica. Kto ją rozwiąże?

Pinkie musiała wracać i znów zostałam sama. Nie na długo.

– Puk, puk – wyrwało mnie z zamyślenia stukanie rączki parasola doktora Chrypy.

– Dzień dobry panu! Co słychać? Jak się pan miewa, panie James? – spytałam.

– Znakomicie, droga pani – odparł parasol. – Wyśmienicie. A żeby to pani udowodnić, opowiem pani historię, która wydarzyła się w sobotę.

– Otóż, udaliśmy się z doktorem i jego synem Pawełkiem na plac zabaw. Doktor Chrypa postawił mnie przy ławeczce, a sam poszedł się bawić z dziećmi. O ile się nie mylę, to tym razem pełnił w zabawie funkcję wierzchowca.

No więc, gdy tak stałem oparty o ławkę, usły-
szałem płacz. Obok siedziała pani Maria,
a wraz z nią zapłakany chłopiec. Bardzo ład-
ny, o brązowej skórze. Nie lubię podsłuchi-
wać, bo to nieładnie, ale przecież nie mogłem
nigdzie odejść. Słyszałem więc, co mówili.

– Babciu, ja się nigdy nie nauczyć na rower
– płakał chłopczyk.

– Tomeczku, kochanie, nie płacz, spójrz na
mnie i posłuchaj.

Dziecko uspokoiło się i z zainteresowaniem
czekało na to, co powie pani Maria.

– Zdradzę ci pewną tajemnicę, ale musisz
mi przyrzec, że nikomu nie powiesz.

– Przyrzekam, babciu, nikomu.

Chłopczyk już zapomniał o łzach. Teraz li-
czyła się tylko tajemnica.

– Dobrze więc – pani Maria sięgnęła do torebki. – Wiesz, co to jest?

W dłoni trzymała kolorowy wiatraczek, który furkotał w podmuchach wiatru.

– No tak, babciu. To wiertaczek. Gdzie jest

ta tajemnica?

– Wiatraczek, wnusiu.

– Otóż, właśnie… – pani Maria rozejrzała się, sprawdzając, czy nikt nie nadchodzi – ten wiatraczek jest zaczarowany.

– Jak to zaczarowany? A co czaruje? – chłopczyk nie był przekonany.

– Sam zobaczysz, ale najpierw przymocujemy go do kierownicy w twoim rowerku. Wiatraczek przywoła wiatr, który nie pozwoli, aby rower przewrócił się, kiedy będziesz na nim jechał.

– To wspaniale! – ucieszył się chłopiec. – Będę rowerował!

– Ale musisz pamiętać o dwóch rzeczach – mówiła dalej pani Maria.

– Tak, babciu – niecierpliwił się Tomek. – Dwóch rzeczy, tylko powiedz, co one są?

– Nie wolno ci patrzeć na skrzydła wiatraczka. Twoje oczy muszą spoglądać prosto przed siebie.

– Dobrze, nie będę. A ta druga rzecz?

– Twoje stopy muszą dotykać pedałów
i kręcić nimi.

– Eeee! To za trudne – roześmiał się Tomek.

– Zaraz ty zobaczysz, babciu, tylko damy tu
na rowerek ten wiertaczek-wiatraczek.

Pan Maria przymocowała wiatraczek i chłopiec usiadł na rower. Nacisnął na pedały
i ruszył. Już, już wydawało się, że pojedzie
gdy wiatr zakręcił kolorowymi skrzydełkami
i Tomek na nie spojrzał. Dobrze, że pani Maria była tuż za nim i przytrzymała go za rękę.
W przeciwnym razie leżałby jak długi.

– Oj, babciu! Widziałaś? Już prawie rowero-
wałem sam! – zawołał Tomek.

– Pamiętaj! Nie patrz na wiatraczek. Pani
Maria uśmiechała się tajemniczo. Spróbuj
jeszcze raz.

Tym razem chłopiec ruszył pewniej. Patrzył
przed siebie i szybko kręcił pedałami. Rower
jechał równiutko, jakby wiatr prowadził go na
niewidzialnym sznurku.

– Jadę! Babciu, jadę! Roweruję – cieszył się Tomek.

Wtedy jakiś pan z dziewczynką nadjechali na rowerach. Od razu zorientowałem się, że to musi być siostra chłopca, z którym rozmawiała pani Maria i jego tata. Oboje byli bardzo zdziwieni.

– Tomek! Ty jeździsz! Jak to się stało? Przecież jeszcze pół godziny temu nie umiałeś.

– To zaczarowany wiertaczek! Tatusiu, zobacz, o ten – chłopiec wskazał na kierownicę.

– Jaki wiertaczek? Gdzie? – dziewczynka przyglądała się kierownicy rowerowej Tomka.

– Tu przecież nic nie ma!

– Jak to? Przecież babcia mi dała. Był taki kolorowy i kręcił się na wietrze.

– Sam zobacz, synku – na kierownicy jest tylko dzwonek. Nauczyłeś się jeździć na rowerze. Brawo!

– Ojej! Babciu – ucieszył się chłopiec. – To ja już bez wiertaczka umiem.

– Oczywiście, że potrafisz, Tomeczku. Wiatraczek pomógł ci uwierzyć w siebie. Reszta

to tylko twoja zasługa.

– Dziękuję, mamo! – tata chłopca ucałował panią Marię w oba policzki.

– Już dobrze, synku. Pamiętasz, jak sam nie mogłeś nauczyć się jeździć? A teraz proszę! Kierowca rajdowy. Kto by pomyślał, że kiedyś to ty płakałeś na tym placu zabaw i nie chciałeś za nic w świecie wsiąść na siodełko. A teraz ty złościsz się na Tomka o to samo.

– Pamiętam, mamo, i przepraszam. Zdenerwowałem się i głupio wyszło.

– Nie mnie przepraszaj, ale Tomka. Przecież to nie była jego wina, że nie potrafił jeździć od razu.

Pan Michał podszedł do syna. Wziął go na ręce i mocno przytulił.

– Przepraszam, synku. Jestem z ciebie dumny – szepnął tata. – Jak byłem w twoim wieku, to bardzo długo nie mogłem nauczyć się jeździć na rowerze. Tobie poszło dużo szybciej. Gratuluję.

Po chwili cała trójka wsiadła na rowery

i dzwoniąc dzwonkami, ruszyła nad pobli-
ską rzekę.

Parasol zakończył opowieść i pożegnał się
grzecznie. Doktor Chrypa znów się gdzieś
spieszył.

– Do widzenia, pani Mario!

– Muszę lecieć, umówiłem się z synem.
Dziś będziemy grać w piłkę!

Zrobiło się późno i pani Maria za chwilę za-
mknie sklep. Ona też się spieszy. Pan Michał
i wnuki już wyjechali, a ona idzie na pocztę
wysłać dla nich paczkę z książką. Tytuł książki brzmi „Siedem supełków".

Seria „**Poznaję i opowiadam z mamą**" to znakomity sposób na wspólne, konstruk-tywne spędzanie czasu z dzieckiem. Te książki, napisane w formie wesołej historyjki obrazkowej, przeplatanej pytaniami dotyczącymi jej treści, umożliwią połączenie zabawy z nauką. Czytanie, tłumaczenie i pytanie pozwala na zwiększenie zasobu słów dziecka, doskonalenie formułowania myśli i umiejętności opowiadania. Ćwiczy także jego spostrzegawczość.

Dorota Zawadzka poleca...

Poznaje i opowiadam z mamą
Zwierzęta na wsi

Poznaje i opowiadam z mamą
Pory roku

Poznaje i opowiadam z mamą
Zwierzęta w zoo

Poznaje i opowiadam z mamą
Owoce i warzywa